Kochen für das Herz

Dr. med. Peter E. Ballmer   Nicole Brüllhardt   Erica Bänziger

Kochen für das Herz

mit Risiko-Test

Wir danken der Schweizerischen Herzstiftung, Bern,
und ganz besonders der Geschäftsführerin, Therese Junker,
für ihre Beratung und Unterstützung.

Dritte, leicht überarbeitete Ausgabe 2003

© 2001 Edition Fona GmbH, CH-5600 Lenzburg
Gestaltung Umschlag: Dora Eichenberger-Hirter, Birrwil
Gestaltung Inhalt: Ursula Mötteli, Grafikdesign, Aarau
Risikotest (Seiten 141 bis 144): Schweizerische Herzstiftung, Bern
Foodbilder und Seite 18: Andreas Thumm, Freiburg i. Br.
Bilder Einführung: Evelyn und Hans-Peter König, Zürich (Seite 17);
Ernst Fretz, Küttigen (Seite 25)
Illustrationen Einführung: Schweizerische Herzstiftung, Bern
Texte Einführung: PD Dr. med. Peter E. Ballmer, Chefarzt und Ernährungsexperte
Medizinische Klinik, Kantonsspital Winterthur (Seiten 12 bis 23);
Nicole Brüllhardt, dipl. Ernährungsberaterin SRK (Seiten 24 bis 29)
Rezepte und Foodkochen: Erica Bänziger, dipl. Ernährungs-
und Gesundheitsberaterin
Lithos: Neue Schwitter AG, Allschwil
Satz und Digitalvorlagen: Kneuss Print AG, Lenzburg
Druck und Bindung: Stalling GmbH, Oldenburg

ISBN 3-03780-143-3

Das Buch erschien gleichzeitig in französischer Sprache unter dem
Titel «La cuisine pour le coeur» bei Editions Viridis, Delémont,
ISBN 2-940306-06-0

Inhalt

EINFÜHRUNG

  8 Geniessen nach Herzenslust
12 Eine herzgesunde Ernährung schützt vor koronarer Herzkrankheit
24 Ernährungskunde
29 Zubereitungsarten

REZEPTE

☐ Frühling   ☐ Sommer   ☐ Herbst   ☐ Winter

W H S F   **Frühling**

W	H	S	F		
■	■	■	■	32	Jogurt-Hirseflocken-Bananen-Müesli mit Beeren
■	■	■	■	32	Kefir-Müesli mit Weizenkeimen
■	■	■	■	33	Fruchtiger Zitronensalat
■	■	■	■	33	Bunter Blattsalat mit gebratenen Austernpilzen
■	■	■	■	34	Avocado-Bruchetta mit Rucola
■	■	■	■	36	Kichererbsendip mit Rohkost
■	■	■	■	38	Zarte Lauchpuffer mit Hirseflocken
■	■	■	■	38	Ricotta-Griess-Burger
■	■	■	■	40	Sesamkartoffeln mit Frischkäsesauce
■	■	■	■	42	Kartoffelpüree
■	■	■	■	42	Kartoffelgratin mit Kräutern und Nüssen
■	■	■	■	43	Tofu-Gemüse-Burger
■	■	■	■	43	Spaghetti mit Sesampesto
	■	■	■	46	Ricotta-Spinat-Bratlinge
■	■	■	■	48	Nudeln an Lauch-Limonen-Sauce
■	■	■	■	48	Pouletbrüstchen mit Olivenfüllung und Pinienkernen
			■	50	Frühlingssalat mit Geflügelleber
■	■	■	■	50	Kräuter-Lammfilet mit Pilzen
	■	■	■	52	Penne mit Frischlachs und Rucola
		■	■	54	Erdbeeren mit Orangenquark

F W H S   **Sommer**

■ ■ ■ ■   58 Sauermilch-Gerstenflocken-Müesli
■ ■ ■ ■   58 Jogurt-Fünf-Korn-Müesli mit Haselnüssen
■ ■   60 Focaccia mit Peperoni und Schafskäse
■ ■   62 Marinierte Avocados mit Pilzen
■ ■   62 Bohnen-Avocado-Salat mit Roquefort
■ ■ ■ ■   63 Salatsaucen
■ ■   64 Bohnen-Kartoffel-Salat mit Feta
■ ■   66 Lauwarmer Gemüsesalat mit Kichererbsen und Krevetten
■ ■   67 Bohnen-Tomaten-Salat an Thunfisch-Kapern-Sauce
■ ■   68 Frischkäse-Peperoni-Mousse
■ ■   68 Kräutertomaten
■ ■   70 Zucchinicremesuppe mit Basilikum
■ ■   72 Tomaten mit Roquefort-Spinat-Füllung
■ ■   74 Zucchini alla Parmigiana
■ ■   76 Mexikanische Peperoni-Mais-Pfanne
■ ■   77 Peperoni-Tofu-Spiess mit Zwiebeln
  ■   78 Lammspiess mit Tzatziki
■ ■   80 Meeresfrüchtesalat mit Rucola
■ ■   82 Schnelle Zucchinipuffer mit Pfefferminze
■ ■   82 Zucchini-Lachs-Röllchen
  ■   84 Schnelles Himbeereis
■   ■   84 Erdbeer-Kiwi-Salat
  ■   85 Fruchtcocktail mit Jogurt und Nüssen

S F W H   **Herbst**

■   ■   88 Basilikum-Käsecreme-Brotaufstrich
■ ■ ■ ■   88 Rohkoststängel mit Bündner Fleisch
■ ■ ■ ■   90 Mais-Avocado-Salat mit Oliven und Feta
■ ■ ■ ■   92 Linsen-Kürbis-Suppe mit Curry
■   ■   92 Brokkolisuppe
    ■ ■   94 Kartoffel-Kürbis-Püree
■   ■   94 Blumenkohl-Brokkoli-Curry mit Cashewnüssen
■   ■   96 Gemüsespiess nach Florentiner Art
■   ■   98 Kartoffelpfanne provençale
■   ■   99 Zucchini mit Pilz-Käse-Füllung
■   ■   100 Nudeln mit Tomaten-Ingwer-Zwiebel-Sugo
■   ■ ■   102 Karottensoufflé
■   ■   104 Gemüsecurry mit Bohnen und Kürbis
■   ■   106 Zucchini mit Hackfleischfüllung

				108	Lammfilet auf Fenchelgemüse mit Oliven
				109	Ratatouille mit gebratenem Seeteufel
				110	Felchenfilets auf Gemüse
				112	Ananas mit Kokos und Schokospänen
				112	Marinierte Orangenfilets mit Feigen

H S F W **Winter**

				116	Quark-Knuspermüesli
				116	Quark-Müesli mit Leinsamen und Haferflocken
				117	Orangensalat mit Zwiebeln und Oliven
				117	Brüsseler Endiviensalat mit rosa Grapefruit
				118	Rosenkohl-Karotten-Salat mit Pinienkernen
				120	Kastaniensuppe
				122	Kürbissuppe
				123	Schnelle Hafersuppe mit Gemüse
				124	Lauchrisotto mit Pilzen
				126	Karotten-Nuss-Burger
				128	Penne mit Cima di Rapa
				130	Kartoffeln auf mediterrane Art
				130	Geflügelleberspiess mit Salbei
				132	Pouletschenkel mit Zitrone
				134	Lachsforelle mit Zwiebeln und Zitronen
				135	Pikanter Lauch-Curry mit Krevetten
				136	Birnen in Rotwein
				136	Ananassalat mit Kiwi und Pistazien
				138	Gebackene Bananen mit Zimt
				138	Feigencarpaccio mit Mango

ANHANG

141 Kennen Sie Ihr Risiko für einen Herzinfarkt oder Hirnschlag?

Saisonrezepte

Der Rezeptteil ist in die vier Jahreszeiten gegliedert. Für die Rezepte wurden ausschliesslich Frischprodukte (Gemüse und Früchte) verwendet. Da die Verfügbarkeit vieler Produkte, z. B. von Karotten, Lauch, Äpfeln usw., sich aber nicht auf eine Saison beschränkt, ist die Zubereitung vieler Gerichte auch während einer anderen Jahreszeit möglich. Die farbigen Quadrate vor den Rezeptnamen im Inhaltsverzeichnis geben darüber Aufschluss.

Ersatzprodukte

- Olivenöl nach Belieben durch Rapsöl ersetzen.
- Meersalz durch normales Salz ersetzen.
- Honig, Birnendicksaft und Ahornsirup durch Zucker ersetzen. Mit Zucker bei hohem Triglyzeridgehalt im Blut massvoll umgehen.

Nährwert-Tabellen

Die errechneten Zahlen/Werte basieren auf den Angaben der «Grosse GU Nährwert-Kalorien-Tabelle, Ausgabe 2000/01».
Die Ergänzungen stammen aus der «Nährwert-Tabelle der Schule für Ernährungsberatung, Zürich, 9. Auflage 1998» sowie
«Souci, Fachmann, Kraut, Zusammensetzung der Lebensmittel, Nährwert-Tabellen,
5. revidierte und ergänzte Auflage, 1994».

Olivenöl nativ extra

(Frankreich: vierge-extra; Italien: extra vergine) Gemäss EU-Verordnung höchste Qualitätsstufe. Der Anteil an freien Fettsäuren beträgt maximal 1 %. Muss auf der Flaschen-Etikette deklariert sein.

Abkürzungen

EL	gestrichener Esslöffel
TL	gestrichener Teelöffel
dl	Deziliter
ml	Milliliter
l	Liter
Msp	Messerspitze

Wo nicht anders vermerkt, sind die Rezepte für **2 Personen** berechnet

Geniessen nach **Herzenslust**

Vergleicht man die Ernährung verschiedener Bevölkerungsgruppen und die Veränderung der Herz-Kreislauf-Gesundheit in diesen Populationen, so drängt sich der Schluss auf, dass die Geschichte der Ernährung weitgehend parallel verläuft zur Geschichte der Herz-Gefäss-Krankheiten.

Beobachtungen in jüngerer Zeit und über grössere geschichtliche Abschnitte belegen, welche entscheidende Bedeutung die Ernährung für die vorzeitige Arteriosklerose hat. Mein klinischer Lehrer Professor Robert Hegglin stellte während des zweiten Weltkrieges in der Schweiz praktisch keine Herzinfarkte fest. Es gab – wie ich mich selbst erinnere – sehr wenig Fleisch und Butter, dafür ass man Brot, Kartoffeln und Gemüse aus dem eigenen Garten.

Bei im Koreakrieg gefallenen jungen amerikanischen Soldaten zeigte die Autopsie massive Arteriosklerose in Herzkranz- und anderen Arterien, was wahrscheinlich mit der übermässigen Versorgung der Truppe mit Fleisch, Eiern und Milchprodukten (American breakfast!) zusammenhing.

Chruschtschow importierte nach seinem USA-Besuch im Jahre 1960 Unmengen tierischer Fette, Fleisch, Milchprodukte, Eier und Zucker in die Sowjetunion und in die Staaten hinter dem Eisernen Vorhang, um seine gescheiterte Agrarreform zu überwinden. In der Folge wiesen diese Länder die höchsten Herz-Kreislauf-Todesraten aller Länder auf. Einzig Polen schlug nach seiner Unabhängigkeit mit grossen Importen von Gemüse und Früchten aus dem Mittelmeerraum einen eigenen Weg in der Ernährung ein. Das erfreuliche Resultat: die kardiovaskuläre Todesrate ging in Polen innert weniger Jahre um einen Viertel zurück.

Bei allen diesen Beispielen mögen andere Faktoren wie die wirtschaftliche Situation, die körperliche Aktivität, das Rauchen und die medizinische Versorgung eine Rolle spielen, aber der Einfluss der Ernährung ist klar erkennbar.

Überblickt man die grossen Zeiträume der etwa 40'000 Jahre alten Menschheitsgeschichte, so fristete der Mensch vor allem als Sammler von Früchten, Pflanzen, Beeren und Wurzeln sein Dasein. Auch als sesshaftes Wesen ernährte er sich karg, insbesondere von den Produkten der Erde. In dieser Zeit entwickelten sich wohl die arteigenen Mechanismen des Stoffwechsels.

Erst die industrielle und landwirtschaftliche Revolution mit intensiver Tierhaltung brachte massenhaft tierische Produkte auf den Markt. Die weltweite Handels- und Kommunikationsrevolution rief neue Dimensionen menschlicher Gesundheit bzw. Krankheit auf den Plan. Die Infektionskrankheiten – früher die häufigsten Krankheits- und Todesursachen in den Industriestaaten – wurden durch die kardiovaskulären Krankheiten abgelöst.

Eine weitere wichtige Gefahr für Zuckerkrankheit (Diabetes) und Herzkrankheiten besteht in der Überernährung unserer meist «sitzenden» Wohlstandsgesellschaft. Die körperliche Arbeit übernehmen heute mehrheitlich Maschinen und mit der Urbanisierung verlagerte sich unsere Bewegung in horizontale und vertikale «Käfige» (Auto und Lift). Beides führte zu einem verminderten Kalorienverbrauch. Wenn wir uns nicht wieder vermehrt mit der eigenen Muskelkraft fortbewegen, so wirkt sich eine den Kalorienverbrauch dauernd übersteigende Kalorienaufnahme rasch in Fettpolster in der Bauch- und anderen Körperregionen aus.

Das «Übergewicht» ist eine typische «Zuvielzivilisationskrankheit». Vor allem in den USA und zunehmend auch in anderen Industrieländern grassiert sie schon bei Jugendlichen. Trotz des verminderten Konsums von gesättigten (tierischen) Fetten werden soviel Kohlehydrate verfüttert, dass ein tödliches Quartett von Übergewicht, Zuckerkrankheit, Bluthochdruck und Fettstoffwechselstörung (erhöhte Triglyzeride, niedriger Gehalt des guten Cholesterins) droht, wenn das Risiko nicht durch entsprechende Verhaltensänderungen reduziert wird.

Die neuen Ernährungsrichtlinien wichtiger Fachinstitutionen tragen diesen Erkenntnissen Rechnung und empfehlen eine Nahrung, die arm an gesättigten Fetten, Cholesterin, Kochsalz (Natriumchlorid), aber reich an Kalzium und Kalium ist. Diese vorwiegend pflanzliche Ernährung führt uns zurück in die Zeiten der Evolution des menschlichen Stoffwechselsystems.

Unser Kochbuch «Kochen für das Herz» will Ihnen zeigen, wie eine herzgesunde und dennoch schmackhafte Küche aussehen kann. Es soll Sie ferner motivieren, die leicht zu merkenden Grundsätze dieser Ernährungsweise für sich und Ihre Angehörigen im Alltag umzusetzen nach dem Motto «Geniessen nach Herzenslust».

Prof. Dr. med. Wilhelm Rutishauser
Präsident der Schweizerischen Herzstiftung

Eine herzgesunde Ernährung
schützt vor koronarer Herzkrankheit

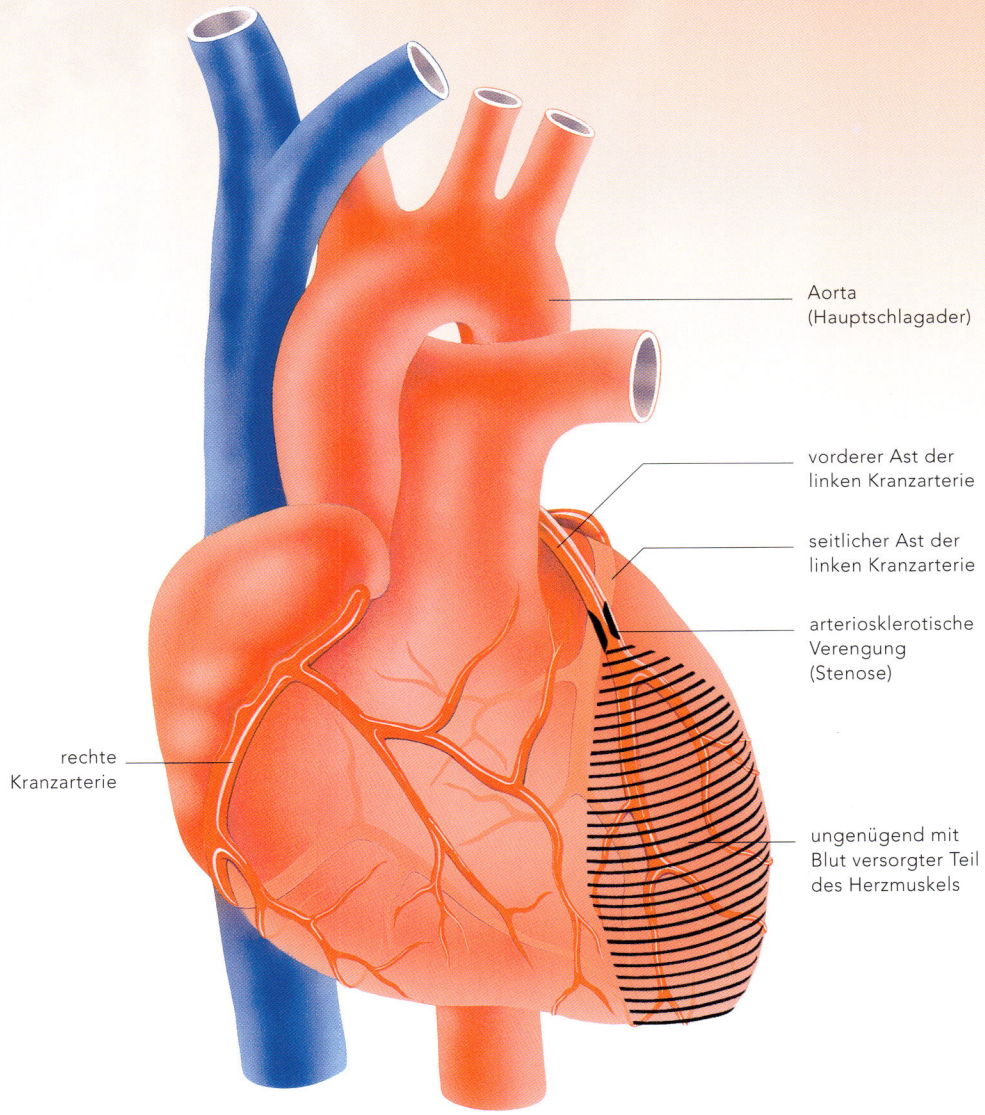

Koronare Herzkrankheit: Mit Hilfe einer Herzkatheteruntersuchung mit Röntgenkontrastmittel (Koronarangiographie) wird eine starke arteriosklerotische Verengung (Stenose) sichtbar. Der stromabwärts hinter der Verengung liegende Teil des Herzmuskels erhält unter Belastung zu wenig Blut, was zu Herzschmerzen (Angina pectoris) oder gar zu einem Herzinfarkt führen kann.

Eine herzgesunde Ernährung schützt vor koronarer Herzkrankheit

Kaum eine andere Gruppe von Krankheiten wird durch unseren Lebensstil so stark beeinflusst wie diejenige des Herz-Kreislauf-Systems. Obwohl über die Ursachen dieser Erkrankungen heute viel Wissen vorhanden ist und die wichtigsten Risikofaktoren bekannt sind (siehe rechts), stehen diese Leiden nach wie vor an der Spitze der Todesursachen der Bevölkerung in der Schweiz. Dabei ist seit langem klar: Würde das Präventionspotenzial besser genutzt, liesse sich fast die Hälfte der Herz-Kreislauf-Krankheiten vermeiden oder ihr Auftreten zumindest hinauszögern und damit die Zahl der krankheitsfreien Lebensjahre erhöhen.

Der Ernährung kommt in der Prävention eine besondere Bedeutung zu. Denn durch eine falsche Ernährung werden mehrere Risikofaktoren direkt und indirekt gefördert und die Wegbereiterin dieser Erkrankungen, die Arteriosklerose (Arterienverkalkung), begünstigt. Eine herzgesunde Ernährung leistet somit einen wichtigen und erst noch schmackhaften Beitrag zur Vorbeugung einer Gefässkrankheit wie Angina pectoris, Herzinfarkt, Beinarterienverschluss oder auch eines Hirnschlags.

*Neben dem Homozystein werden seit einigen Jahren weitere Risikofaktoren erforscht. Zu diesen so genannt neuen Risikofaktoren gehören erhöhte Werte des Fibrinogens, der Triglyzeride (Neutralfette), des Lipoproteins Lp(a), mangelnde Zufuhr von Vitamin E und C mit der Nahrung und Infektionen zum Beispiel durch ungenügende Zahnhygiene.

Risikofaktoren für die Entstehung von Arteriosklerose

Durch unseren Lebensstil beeinflusste, vermeidbare Risikofaktoren:
- **Zigarettenrauchen**
- **Erhöhte Blutfette** (siehe Seite 16)
- **Übergewicht**
  Body Mass Index (BMI) > 25 kg/m^2
  (Berechnung: Körpergewicht in Kilogramm geteilt durch Körpergrösse in Meter im Quadrat). Beispiel:
  1 m 68 cm grosse Person mit 83 kg Gewicht:
  83 kg / (1,68 m x 1,68 m) = 29 kg/m^2
- **Hoher Blutdruck** (arterielle Hypertonie)
  oberer Wert > 140 mm Hg und/oder unterer Wert > 90 mm Hg
- **Bewegungsmangel**
  weniger als dreimal 30 Minuten Bewegung pro Woche
- **Zuckerkrankheit** (Diabetes mellitus)
  Blutzuckerwert nüchtern > 7 mmol/l
- **Stress**
- **Erhöhtes Homozystein im Blut***

Nicht beeinflussbare Risikofaktoren:
- **Genetische Veranlagung** (gehäuftes Vorkommen von Herz-Kreislauf-Krankheiten bei Blutsverwandten)
- **Männliches Geschlecht**
- **Höheres Alter** (Männer über 45 Jahre, Frauen über 50 Jahre)

Arteriosklerose als Grundübel

Herz-Kreislauf-Erkrankungen sind die Folge einer meist fortgeschrittenen Arteriosklerose. Viele der erwähnten beeinflussbaren Risikofaktoren wie Zigarettenrauchen, erhöhte Blutfette, Zuckerkrankheit (Diabetes mellitus), Bluthochdruck schädigen die Blutgefässe. Die Innenschicht der Arterien besteht aus einer einschichtigen Auskleidung der Gefässwand *(Endothel)*. Der initiale Arteriosklerose-Prozess ist gekennzeichnet durch Fettdepots *(fatty streaks)*, die in die Gefässinnenwand eingelagert werden. Der Prozess beginnt bereits im Kindesalter. Später kommt es zu Wucherungen umliegender Zellen und Kalkeinlagerungen. Im Volksmund ist deshalb auch von «Arterienverkalkung» die Rede. Durch die arteriosklerotischen Auflagerungen *(Plaques)* wird das Gefäss verengt, teilweise oder gar vollständig verschlossen. Die Arteriosklerose kann alle Arterien des Körpers befallen. Besonders gefährdet sind jedoch die Herzkranzgefässe sowie die Hals- und Hirnarterien, da sie die Blutversorgung lebenswichtiger Organe sicherstellen müssen (Abbildung Seite 14).

Koronare Herzkrankheit

Die koronare Herzkrankheit ist sozusagen der Endpunkt eines langen Prozesses, bei dem die Herzkranzgefässe durch arteriosklerotische Plaques mehr und mehr verengt werden. Bei körperlicher Belastung, wenn der Sauerstoffbedarf erhöht ist, erhält der Herzmuskel nicht mehr genügend sauerstoffreiches Blut. Diese Mangeldurchblutung äussert sich mit Brustschmerzen *(Angina pectoris)*, die ein ernst zu nehmendes Warnsignal einer fortgeschrittenen Arteriosklerose sind. Lebensbedrohlich wird die Situation, wenn eine Plaque reisst und sich an dieser Stelle ein Blutgerinnsel bildet. Dieses Gerinnsel kann das Gefäss verschliessen und einen *Herzinfarkt* auslösen. Ebenfalls kommt es zum Herzinfarkt, wenn in einem verengten Gefäss ein Blutgerinnsel stecken bleibt. Dabei stirbt ein Teil des Herzmuskelgewebes ab, sofern die Blutversorgung nicht unverzüglich wieder hergestellt wird (Abbildung Seite 11). Durchblutungsstörungen können auch in einer arteriosklerotisch verengten Hirn- oder Beinarterie auftreten. Bei der Hirnarterie ist die mögliche logische Folge ein *Hirnschlag*. Dabei kommt es zu Schädigungen oder dem Absterben von Nervenzellen mit Folgeerscheinungen wie Lähmungen eines Körperteils, Verlust der Sprache, Sehstörungen oder Blindheit. Liegt eine hochgradige Einengung oder gar ein totaler Verschluss in einer Beinarterie (seltener einer Armarterie) vor, führt dies zu heftigen Schmerzen beim Gehen oder zu schwer heilenden Wunden am Fuss und an den Zehen (Raucherbein), manchmal gar zum Verlust einer Gliedmasse.

Die verschiedenen Krankheitsbilder zeigen, dass eine fortgeschrittene Arteriosklerose immer zu einer kritischen Funktionseinschränkung der betroffenen Organe mit entsprechenden Symptomen führt. Bei einem «Infarkt» stirbt jeweils ein Teil des Organs oder Gewebes ab und wird bleibend in seiner Funktion geschädigt. Durch Ausschalten oder wenn nötig Behandeln von Risikofaktoren kann die Arteriosklerose gebremst und ein Infarkt möglicherweise verhindert werden.

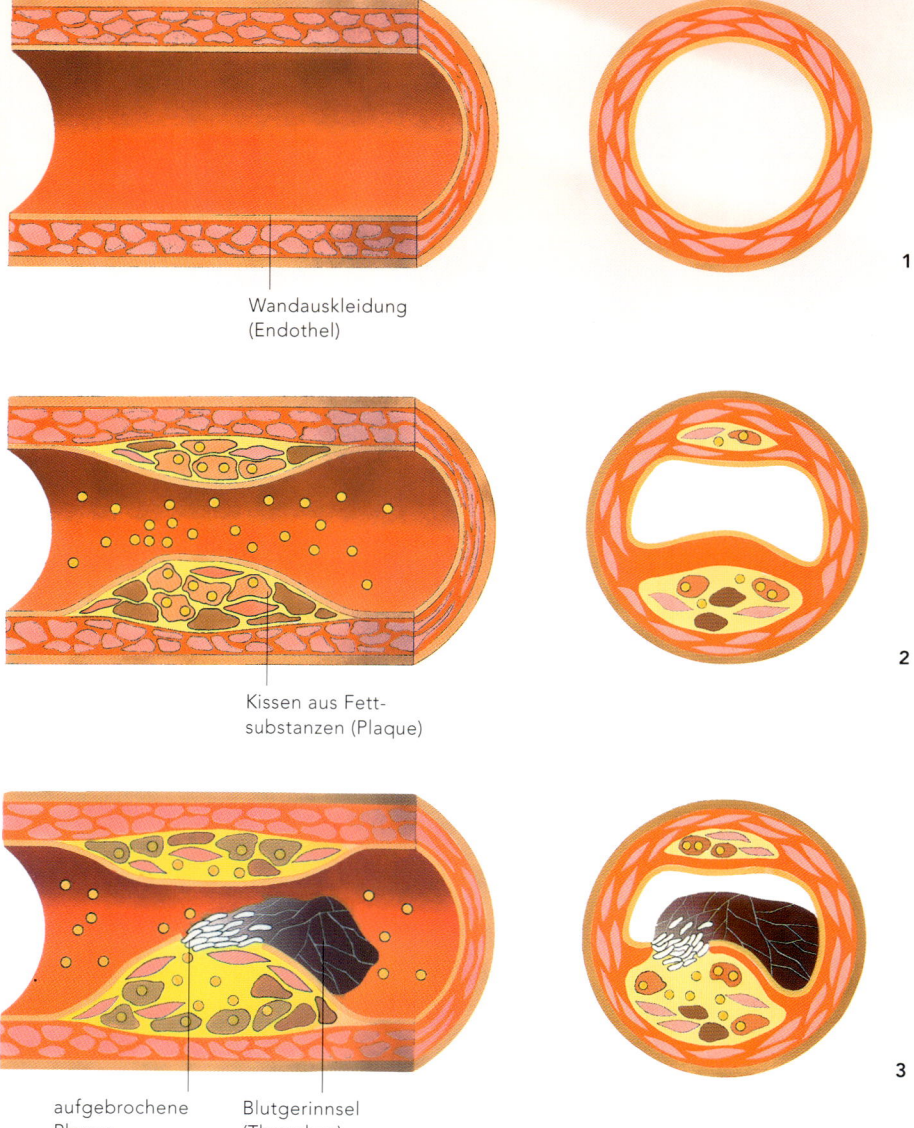

1

Wandauskleidung
(Endothel)

2

Kissen aus Fett-
substanzen (Plaque)

3

aufgebrochene   Blutgerinnsel
Plaque   (Thrombus)

Ernährung und Arteriosklerose

Schon vor Jahrzehnten fiel den Präventivmedizinern ein Gefälle in der Herz-Kreislauf-Erkrankungshäufigkeit und -Sterblichkeit der Bevölkerung nördlicher im Vergleich zur Bevölkerung südlicher Länder auf. In Ländern wie Finnland oder Schottland erkranken mehr Menschen an Herzinfarkt als in Italien, Portugal oder in der Schweiz. In der Sieben-Länder-Studie (*Seven Countries Study*, begonnen in den späten Fünfzigerjahren) wurden in Griechenland, Italien, dem früheren Jugoslawien, den Niederlanden, Finnland, den USA und Japan die Essgewohnheiten und der Gesundheitszustand der Bevölkerung untersucht. Die Auswertung bestätigte die lange gehegte Vermutung, dass die Unterschiede mit den Ernährungsgewohnheiten zusammenhängen und somit die Ernährung die Gesundheit der Blutgefässe und des Herzens direkt und sehr wesentlich beeinflusst. Die Studie bildete schliesslich das Fundament für das Konzept der mediterranen Ernährung, das auf Seite 19 ff. erläutert wird.

Abbildung: **Arteriosklerose**
1) Die normale Arterie wird von einem einschichtigen Zellteppich (Endothel) ausgekleidet.
2) Fettsubstanzen (Cholesterin) werden unter dem Endothel eingelagert und bilden ein Kissen (Plaque), das die Arterie verengt.
3) Bricht die Plaque auf, wird die Blutgerinnung aktiviert. An der Bruchstelle bildet sich rasch ein Blutgerinnsel (Thrombus), welches die Arterie verschliessen kann.

Doch wenden wir uns vorerst den wichtigsten, den Arteriosklerose-Prozess beeinflussenden Ernährungsgewohnheiten zu.

Blutfettwerte und Arteriosklerose

Dass erhöhte Werte des Cholesterins die Arteriosklerose fördern, konnte mittlerweile durch grosse Studien zweifelsfrei belegt werden. Die gelegentlichen kritischen Stimmen in den Medien, wonach die Cholesterinhypothese wirklicher Grundlagen entbehre, gründen auf einer oberflächlichen oder falschen Interpretation der wissenschaftlichen Daten.

Die Blutfette setzen sich hauptsächlich aus folgenden Komponenten zusammen:
- **LDL-Cholesterin**
  (LDL = low density lipoprotein)
- **HDL-Cholesterin**
  (HDL = high density lipoprotein)
- **Triglyzeride** (Neutralfette)

Ungünstig auf die Blutgefässe wirken sich das LDL-Cholesterin und in geringerem Mass die Triglyzeride aus. Beim LDL unterscheiden wir zwischen normalem und oxidiertem LDL-Cholesterin. Während normales LDL-Cholesterin kein Problem darstellt, wird das durch Sauerstoffradikale oxidierte, «ranzige» LDL-Cholesterin in modifiziertes LDL verwandelt, das in die Gefässwände eingelagert wird. Dadurch kommt es zur Fettablagerung in den Gefässen (*fatty streak*), die den Beginn der Arteriosklerose kennzeichnet. Im Gegensatz zum «schlechten» LDL-Cholesterin hat das HDL-

Cholesterin eine schützende Wirkung hinsichtlich Arteriosklerose. Es kann überschüssiges Cholesterin abführen, darunter auch solches, das sich bereits in den Blutgefässen eingenistet hat. Unser Ziel sollte deshalb sein, den LDL-Spiegel tief zu halten und das HDL-Cholesterin anzuheben. Verschiedene Massnahmen können helfen, dieses Ziel zu erreichen.

Faktoren, die das LDL-Cholesterin senken und das HDL-Cholesterin erhöhen

- Körperliche Aktivität von dreimal wöchentlich 30 bis 40 Minuten in Form von Aktivitäten mittlerer Intensität wie Walking, Fahrradfahren oder Gartenarbeit
- Günstig zusammengesetzte Ernährung
- Mässiger Alkoholkonsum

Welcher Cholesterinwert ist der richtige für mich? Wann soll ich das Blutcholesterin bestimmen lassen? Fragen, die sich viele Leute stellen. Die medizinischen Experten haben in den letzten Jahren Richtlinien erarbeitet und die behandlungsbedürftigen Blutcholesterinwerte festgelegt. Leidet ein Patient bereits an Arteriosklerose und hat beispielsweise einen Herzinfarkt erlitten, wird ihm der Arzt zu einer strengen Kontrolle und konsequenten Behandlung der Blutfettwerte raten, um zu verhindern, dass die Arteriosklerose voranschreitet und einen (weiteren) Herzinfarkt auslöst.

Bei Personen ohne Anzeichen von Arteriosklerose genügt eine Ernährungsumstellung häufig zur Senkung erhöhter Blutfettwerte. Personen mit einem hohen Risiko und stark erhöhten Blutfettwerten benötigen zusätzlich Medikamente.

Ideale Cholesterinwerte

Als Idealwert gelten:
- Gesamtcholesterin unter 5,0 mmol/l
- LDL-Cholesterin unter 3,0 mmol/l
- HDL-Cholesterin mehr als 1,0 mmol/l
- Triglyzeride unter 2,0 mmol/l
- Verhältnis Gesamtcholesterin/ HDL-Cholesterin unter 5

Bei Personen (insbesondere Frauen vor der Menopause), die über keine oder nur wenige Risikofaktoren verfügen, sind auch etwas höhere Werte zulässig.

Ohne familiäre Veranlagung für eine Herz-Kreislauf-Krankheit ist es ratsam, mit ungefähr 40 Jahren die Blutfette erstmals bestimmen zu lassen. Sind die Cholesterinwerte normal, empfiehlt es sich, eine nächste Kontrolle nach ungefähr fünf weiteren Jahren durchzuführen. Personen mit familiärer Belastung sollten ihre Blutfette früher bestimmen lassen.

Öle und Fette in der Nahrung

Die verschiedenen Fettsäuren in der täglichen Nahrung beeinflussen die Blutfette und damit die Arteriosklerose in unterschiedlicher Weise. In der Regel gilt: Je höher der Anteil der *gesättigten* Fettsäuren in der Nahrung, desto höher das Herz-Kreislauf-Erkrankungsrisiko. Umgekehrt haben *mehrfach ungesättigte* und besonders *einfach ungesättigte* Fettsäuren einen günstigen Einfluss auf die Blutgefässe. Gesättigte Fettsäuren kommen vor allem in Nahrungsmitteln tierischer Herkunft vor, also in Milchprodukten und Fleisch. Geflügelfleisch (weisse Fleischsorten) ist nach heutiger Auffassung gesünder als rote Fleischsorten (Rind, Lamm usw.). Die mehrfach ungesättigten Fettsäuren sind typischerweise reichlich in Pflanzenölen (z. B. Sonnenblumenöl) zu finden, ebenso die einfach ungesättigten Fettsäuren (insbesondere im Olivenöl, aber auch in Mandeln, Haselnüssen, Avocados u.a.m.). Gewissen mehrfach ungesättigten Fettsäuren wurde in den letzten Jahren besonderes Interesse zuteil. Im Mittelpunkt stand die Alpha-Linolensäure (eine Omega-3-Fettsäure), die reichlich im Raps- und Sojaöl sowie in anderen pflanzlichen Produkten wie Leinsamen und Baumnüssen/Walnüssen enthalten ist und einen schützenden Effekt vor Herz-Kreislauf-Krankheiten zu haben scheint. Anderen gut bekannten Omega-3-Fettsäuren, wie der besonders in Fischen kalter Gewässer reichlich vorhandenen Docosahexaensäure und der Eicosapentaensäure, werden ebenfalls positive Eigenschaften zugesprochen. Die so genannten Omega-6-Fettsäuren (z. B. die Linolsäure in pflanzlichen Produkten und die Arachidonsäure in Fleisch, Eigelb und Leber) haben wahrscheinlich eine weniger günstige Wirkung.

Generell kann gesagt werden, dass die ungesättigten Fettsäuren in der Nahrung das LDL-Cholesterin mässig senken, während die gesättigten Fettsäuren es erhöhen. Einfach ungesättigte Fettsäuren haben einen zusätzlichen Vorteil: Sie vermindern das LDL-Cholesterin und führen zu einer leichten Zunahme des schützenden HDL-Cholesterins.

Antioxidantien

Die in der Nahrung vorkommenden natürlichen Antioxidantien wie das Vitamin E (Alpha-Tokopherol), Vitamin C (Askorbinsäure) und eventuell das Betakarotin schützen unseren Körper vor reaktiven Sauerstoffverbindungen wie den Sauerstoffradikalen. Reaktive Sauerstoffverbindungen sind natürliche chemische Verbindungen, die sich dem Körper gegenüber aggressiv verhalten. Sie schädigen Gewebe und Zellen und beschleunigen Alterungsprozesse wie beispielsweise die Arteriosklerose und unseren Tod.

Antioxidantien verhindern solche Schädigungen. Es gibt viele Hinweise, dass diese wirksamen Substanzen die Arteriosklerose verlangsamen und eine ausgewogene, etwas erhöhte Zufuhr von Antioxidantien vor koronarer Herzkrankheit schützen kann. Die grosse Menge von Antioxidantien (Vitamin E und C), die südliche Völker mit der Nahrung zuführen, ist nach heutigen Erkenntnissen mit ein Grund für deren niedrige Herz-Kreislauf-Erkrankungs- und -Sterberaten.

Leider gibt es bis heute kein Patentrezept, wie viel der jeweiligen Antioxidantien täglich eingenommen werden sollten, und es existiert auch keine «magische» Antioxidantienpille, die einen optimalen Schutz gewährleisten würde. Es gilt deshalb die einfache Empfehlung, sich nach mediterraner Art zu ernähren und täglich reichlich Früchte und Gemüse zu konsumieren.

Das «French Paradox»

Frankreich ist das westliche Land mit einer der tiefsten Herzinfarkt-Sterberaten, und dies obschon die Franzosen nicht weniger rauchen und in der Regel auch nicht fettärmer essen als andere Völker. Inbesondere tierische Fette (Pâté, Käse) sind auf dem französischen Speisezettel häufig anzutreffen. Warum also haben die Franzosen eine altersbezogen relativ tiefe Herzinfarkt-Sterblichkeit? Eine immer wieder geäusserte Erklärung liegt im Weinkonsum. Alkoholische Getränke (ausser Spirituosen) in moderaten Mengen genossen scheinen vor Arteriosklerose zu schützen. Einerseits wird durch Alkohol das schützende HDL-Cholesterin mässig erhöht, andererseits enthält der Wein phenolische Substanzen, beispielsweise *Flavonoide* wie *Quercetin* und *Resveratrol*, die antioxidative Eigenschaften (vergleichbar den Vitaminen E und C) haben und ebenfalls der Arteriosklerose entgegenwirken. Erwähnenswert ist in diesem Zusammenhang, dass phenolische Substanzen auch in nicht-alkoholischen Getränken und verschiedenen Nahrungsmitteln wie in Grüntee, Äpfeln und Zwiebeln reichlich vorkommen.

Ein gesunder Mensch ohne Lebererkrankung und Suchtneigung kann somit aus dem Konsum kleiner Alkoholmengen einen leichten gesundheitlichen Nutzen ziehen, sofern einige Regeln beachtet werden (siehe rechts oben). Deswegen alkoholische Getränke als Heilmittel gegen Arteriosklerose anzupreisen oder zu einem regelmässigen Alkoholkonsum zu animieren, wäre aber verfehlt. Wer bisher keinen Alkohol konsumiert hat, sollte keinesfalls aufgrund eines potenziellen Schutzeffekts damit beginnen.

Ein höherer Alkoholkonsum bei Frauen führt zu einem sprunghaften Anstieg des Brustkrebsrisikos. Bei beiden Geschlechtern erhöht ein Alkoholkonsum über das empfohlene Mass hinaus das Erkrankungsrisiko für verschiedene Krebsarten des oberen Magendarm- und Rachenbereichs (Speiseröhrenkrebs!), für Leberzirrhose, Bauchspeicheldrüsenentzündung (Pankreatitis), Bluthochdruck, Hirnblutung u.a.m.

Regeln für (wahrscheinlich) sicheres Trinken von alkoholischen Getränken (bei Menschen ohne Suchtneigung und ohne Lebererkrankung)

- Für Frauen maximal 1 (bis 2) Deziliter/100 (bis 200) ml Wein pro Tag, für Männer maximal 2 (bis 3) Deziliter/200 (bis 300) ml Wein pro Tag
- Wein (allenfalls Bier) mit den Mahlzeiten konsumieren
- Keine Trinkexzesse
- Kein Alkohol in der Schwangerschaft (maximal 1 Deziliter/100 ml pro Woche)
- Wer fährt, trinkt nicht!
- 2 bis 3 alkoholfreie Tage pro Woche

Mediterrane Ernährungsweise

Als Paradebeispiel einer gesunden Ernährung für das Herz-Kreislauf-System – wahrscheinlich auch zur Vorbeugung mancher Krebsarten – wird heute die *mediterrane Diät* (Mittelmeerernährung) empfohlen.

Der Begriff wurde von Ancel Keys, einem amerikanischen Wissenschafter, in den Fünfzigerjahren geprägt. Keys beobachtete in der Sieben-Länder-Studie einen Zusammenhang zwischen gewissen Ernährungsmustern in verschiedenen, vorwiegend europäischen Ländern und der Häufigkeit von Herz-Kreislauf-Erkrankungen. Besonders hervorzuheben sind die Bewohner Kretas, welche die tiefste Sterblichkeit an koronarer Herzkrankheit und die längste Lebenserwartung aller westlichen Völker auf-

gleichgesetzt werden. Die Charakteristika der klassischen mediterranen Ernährung werden nämlich nicht in allen Gebieten Italiens erfüllt.

Charakteristika der typischen traditionellen mediterranen Diät

- Arm an gesättigten Fettsäuren
- Reich an einfach ungesättigten Fettsäuren
- Relativ reich an Omega-3-Fettsäuren
- Reich an Früchten, Gemüsen und Salaten
- Reich an Antioxidantien (aus Früchten, Gemüsen und Kräutern zum Kochen)
- Reich an Getreideprodukten (Brot, Teigwaren, Reis)

Wie können diese Vorgaben in der Praxis umgesetzt werden?

Arm an gesättigten Fettsäuren

Gesättigte Fettsäuren kommen vor allem in Milchprodukten, Fleisch sowie in Kokosfett vor. Sie sollten sparsam (z. B. einmal täglich) konsumiert werden. Entgegen der Meinung gewisser selbst ernannter Ernährungspäpste besteht wissenschaftlich kein Zweifel daran, dass Übergewicht immer auf einen zu hohen Fettkonsum bei gleichzeitig ungenügender körperlicher Bewegung zurückzuführen ist, nach dem Motto: Fett macht fett. Kohlenhydrate (Stärke- und Zuckerarten) haben nur bei excessivem Konsum Übergewicht zur Folge. Menschen, die von Süssigkeiten übergewichtig werden, nehmen gleichzeitig viel Extrafett zu sich, wie dies beispielsweise bei Schokolade

weisen. Man spricht deshalb auch von der Kreter-Diät. Die Bezeichnung «Diät» mag vielleicht etwas irreführend sein, weil damit Krankheit, Einschränkung und Genussverzicht assoziiert werden. Da der Begriff aber in der medizinischen Literatur etabliert ist, wird er in diesem Buch stellenweise verwendet, obschon die mediterrane Ernährungsweise keine Diät im ursprünglichen Sinn des Wortes ist. Und gleich noch eine Klarstellung: Mediterrane Ernährung darf nicht mit «italienischer Küche»

der Fall ist. Durch eine fettarme Ernährung kann deshalb das Körpergewicht reduziert und ein einmal erreichtes Idealgewicht beibehalten werden.

Reich an einfach ungesättigten Fettsäuren (Olivenöl)
Pflanzliche Öle sind den tierischen Fetten vorzuziehen. Der hohe Anteil an Olivenöl ist ein besonderes Merkmal der mediterranen Ernährungsweise. Die im Olivenöl reichlich vorhandene Ölsäure gehört zu den einfach ungesättigten Fettsäuren. Warum Olivenöl eine Schutzwirkung auf die Gefässe ausübt, hat sich noch nicht in allen Einzelheiten klären lassen. Bekannt ist, dass Olivenöl das LDL-Cholesterin senkt und das HDL-Cholesterin leicht erhöht. Ausserdem enthält es reichlich Antioxidantien (z. B. Vitamin E), die ebenfalls günstige Auswirkungen auf die Gefässgesundheit haben.

Relativ reich an Omega-3-Fettsäuren
Pflanzliche (z. B. Alpha-Linolensäure im Rapsöl) und tierische (z. B. Fischöle) Omega-3-Fettsäuren verhindern oder bremsen arteriosklerotische Ablagerungen. In der Herzstudie von Lyon konnte mit einer Alpha-Linolensäurereichen mediterranen Ernährung ein zweiter Herzinfarkt bei mehr als der Hälfte der Patienten mit einem bereits überstandenen Infarkt verhindert werden.

Reich an Früchten, Gemüsen und Salaten
Früchte, Gemüse sowie Salate sind reich an sekundären Pflanzeninhaltsstoffen wie antioxidativen Vitaminen (Vitamin C, Betakarotin) und phenolischen Antioxidantien (z. B. Kohlsorten, Äpfel usw.), welche die Arteriosklerose bremsen können. Inwieweit sich der hohe Anteil an Nahrungsfasern in Früchten und Gemüsen günstig auswirkt, ist noch nicht geklärt. Als Empfehlung gilt, mindestens fünf Portionen Früchte und/oder Gemüse täglich zu essen, davon vorzugsweise zwei Portionen in roher Form (z. B. ein Apfel und eine Portion grüner Salat). Die typischen aromatischen südlichen Kräuter und Gewürze sind ebenfalls reich an phenolischen Antioxidantien und sollten deshalb auf dem Speisezettel nicht fehlen.

Reich an Getreideprodukten
Komplexe Kohlenhydrate (z. B. Stärke) in Brot und Teigwaren sind sehr geeignete Kalorienträger und sollten mehr berücksichtigt werden, da sie in der Regel nicht dick machen. Zuckerkranke sollten sich bei der Zufuhr von Kohlenhydraten an die Vorgaben des behandelnden Arztes und der Diabetesberaterin halten.

Und ein Glas Wein täglich?
Die Vorteile eines moderaten Alkoholkonsums und die gesundheitsgefährdenden, fatalen Auswirkungen eines übermässigen Konsums wurden bereits erläutert. Unter Beachtung der Trinkregeln sind ein bis zwei Glas Rotwein täglich aufgrund des positiven Effekts auf die Gefässe der Gesundheit eher zuträglich.

Mediterrane Diät streng wissenschaftlich (Lyon Herzstudie)

Die Zusammenhänge zwischen Herz-Kreislauf-Erkrankungen und Ernährungsweise wurden in mehreren Studien untersucht. Durch Vergleiche des Essverhaltens verschiedener Bevölkerungsteile bzw. Völker mit der Häufigkeit gewisser Krankheiten wurden Rückschlüsse auf die Ursachen der Herz-Kreislauf-Erkrankungen gewonnen. Obgleich diese Zusammenhänge über die Jahrzehnte recht logisch schienen, fehlte letzlich der Beweis, dass mediterrane Ernährung vor Herzinfarkt schützt.

Kürzlich haben französische Wissenschaftler (de Lorgeril und Renaud, Lyon) erstmals die Ernährungsumstellung bei Patienten, die einen Herzinfarkt erlitten hatten, studiert. Man untersuchte und beobachtete 600 Patienten, die nach einem Herzinfarkt medizinisch korrekt versorgt wurden und die üblichen Medikamente erhielten. Die Hälfte der Patienten wurde auf eine mediterrane Ernährung umgestellt, diätetisch geschult und über Jahre hinweg regelmässig kontrolliert. Konkret erhielten die Patienten folgende Anweisungen:

- Mehr Brot
- Mehr Wurzelgemüse
- Mehr grünes Gemüse
- Mehr Fisch
- Weniger Fleisch (Rind-, Lamm- sowie Schweinefleisch durch Geflügel ersetzen)
- Kein Tag ohne eine Frucht
- Ersatz von Butter und Rahm durch eine spezielle Margarine auf Basis von Rapsöl
- Moderater Weinkonsum zu den Mahlzeiten

Bereits im ersten Studienzwischenbericht nach 27 Monaten zeigte sich eine deutliche Reduktion der tödlichen und nicht-tödlichen Herzinfarkte und auch eine verminderte Gesamtsterblichkeit der mediterran ernährten Patienten im Vergleich zur Gruppe ohne spezielle Ernährungsanweisungen. Diese positiven Resultate konnten bei Abschluss der Studie nach vier Jahren bestätigt werden.

	ohne mediterrane Ernährung	mit mediterraner Ernährung
Verstorben an Herzkrankheit	19	6
Nicht tödlicher Herzinfarkt	25	8
	44	14

Mit der Lyon-Studie konnte die Überlegenheit der mediterranen Ernährung für Patienten mit Arteriosklerose und Herzinfarkt eindeutig belegt werden. Diese einfache Ernährung bietet somit Herzpatienten und allen, die zu Herz und Gefässen Sorge tragen wollen, die Möglichkeit, der Arteriosklerose und ihren fatalen Folgen vorzubeugen oder diese zumindest hinauszuzögern.

Ernährungskunde

Früchte und Gemüse

Das Angebot an Früchten und Gemüsen ist beachtlich. Ein Früchte-/Gemüsemarkt, sei es ein Wochenmarkt unter freiem Himmel, beim Grossverteiler oder beim Gemüsebauern, macht so richtig Lust auf knackiges Gemüse und saftige Früchte. Früchte und Gemüse haben nicht nur bezüglich Geschmack, sondern auch bezüglich Inhaltsstoffen viel zu bieten. Je abwechslungsreicher und saisongerechter wir unsere Ernährung gestalten, desto besser wird auch unsere Versorgung mit den lebensnotwendigen Nährstoffen sein.

Vitamine
Vitamine sind lebenswichtige Bestandteile unserer Ernährung. Sie sind bei fast allen Stoffwechselprozessen beteiligt. Eine Unterversorgung führt zu den klassischen Mangelerkrankungen. Müdigkeit, Konzentrationsstörungen, Kopfschmerzen, Magen-Darm-Störungen und Hautveränderungen können bereits Anzeichen einer Unterversorgung sein. Besonders die Vitamine E, C und Betakarotin, welche in beachtlicher Menge in Früchten und Gemüsen enthalten sind, beugen Herz-Kreislauf-Krankheiten vor. Mit ihrer antioxidativen Wirkung können sie die im Organismus vorhandenen freien Radikale abfangen.

Folsäure
Die Versorgung mit Folsäure ist in unseren Breitengraden ungenügend. Sie spielt als Coenzym bei diversen Stoffwechselvorgängen eine wichtige Rolle. Bei Herz-Kreislauf-Krankheiten konnte aufgezeigt werden, dass Folsäure den Homozysteinspiegel im Serum senken kann. Ein hoher Homozysteinspiegel hat sich als Risikofaktor bei der Entstehung von Arteriosklerose erwiesen. Folsäure in grösseren Mengen enthalten vor allem grüne Gemüse wie Grünkohl, Rosenkohl, Erbsen, Brokkoli und Kopfsalat. Bei den Früchten sind Erdbeeren, Süsskirschen und Orangen zu erwähnen. Reich an Folsäure sind auch Dinkel, Weizen, Roggen usw.

Nahrungsfasern
Die Nahrungsfasern wurden früher Ballaststoffe genannt. Ihre Bedeutung für unsere Gesundheit ist bis heute nicht abschliessend geklärt. Nahrungsfasern kommen vor allem in pflanzlichen Nahrungsmitteln vor. Sie dienen der Pflanze u. a. als Gerüstsubstanz sowie als Füll- und Schutzmaterial.
Nahrungsfasern können viel Wasser binden, was eine ganze Reihe von Vorteilen hat. Durch das grössere Volumen verweilen die Speisen länger im Magen, was zu einer längeren Sättigung führt. Die Nahrungsfasern binden zudem freie Gallensäure und scheiden diese über den Stuhl aus. Das in der Gallensäure enthaltene Cholesterin holt sich der Organismus wieder im Blut. Der Cholesterinspiegel im Blut wird nachweislich gesenkt.

Sekundäre Pflanzenstoffe
Sekundäre Pflanzenstoffe sind Substanzen mit unterschiedlichen Stoffwechselwirkungen. Die Forschung hat gezeigt, dass es in pflanzlichen Nahrungsmitteln viele Stoffe gibt, deren spezifische Wirkung wir noch nicht kennen oder von welchen wir noch nicht wissen, in

welcher Dosierung sie zu empfehlen sind. Sicher ist, dass sekundäre Pflanzenstoffe in der Konzentration, wie sie in Pflanzen vorkommen, eine gesundheitsfördernde Wirkung haben. Diese Pflanzenstoffe wirken antioxidativ, z. B. krebs- und entzündungshemmend, und bremsen die Entwicklung der Arteriosklerose.

Kohlenhydrate

Brotgetreide, Mais, Reis

Das Korn ist in seiner geschlossenen, harmonischen Ganzheit ein natürliches Gebilde, das vielleicht die vollkommenste Nahrung ist, welche die Natur uns bieten kann (Prof. W. Kollath). Weizen, Dinkel, Reis, Gerste, Hafer Hirse, Roggen, Mais, Buchweizen und daraus hergestellte Produkte (Flocken, Schrot, Brot usw.) nehmen in einer gesunden Ernährung eine zentrale Rolle ein. Das volle Korn enthält viele Faserstoffe (Ballaststoffe), natürliches hochwertiges Eiweiss, natürlichen Zucker, ungesättigte Fettsäuren, Mineralstoffe und Vitamine (vor allem Vitamin B). Das volle Korn spielt auch bei der Eiweissversorgung eine zentrale Rolle, deckt es doch rund 20 Prozent des täglichen Bedarfs.

Volles Getreide und daraus hergestellte Produkte sind Energielieferanten erster Güte. Sie zählen zu den schnellen Brennstoffen, da nicht benötigte Kohlenhydrate als rasch verfügbare Energiereserven in Form von Glykogen in der Leber und in den Muskeln gespeichert werden. Dank ihrer Quellfähigkeit tragen die im Korn enthaltenen Nahrungsfasern zur Sättigung bei, sie regen die Darmtätigkeit an und binden Giftstoffe und Cholesterin.

Kartoffel

Die Knolle ist reich an Vitamin C und Kalium. Der Eiweissgehalt ist gering, aber von hoher Qualität. Obwohl die Kartoffel zu den Gemüsen zählt, enthält sie viele Kohlenhydrate und trotzdem nur unwesentlich mehr Kalorien als Gemüse.

Hülsenfrüchte

Zu den Hülsenfrüchten zählen Linsen, Kichererbsen, Sojabohnen und alle Bohnenkerne (weisse Bohnen, rote Bohnen, schwarze Bohnen, Sojabohnen usw.). Sie sind reich an pflanzlichem Eiweiss.

Fette und Öle

Nach neueren ernährungswissenschaftlichen Erkenntnissen ist die Art der Fette von grösserer Bedeutung als die Menge. In der traditionellen mediterranen Ernährung ist der Fettkonsum recht hoch. Es handelt sich dabei aber vorwiegend um gesundes Pflanzenöl (Olivenöl), welches reich an einfach ungesättigten Fettsäuren ist. Weitere ideale Fettquellen sind die im Fisch enthaltenen Omega-3-Fettsäuren (Eicosapentaensäure) und die in gewissen Pflanzen vorkommende Alpha-Linolensäure. Öle, die vorwiegend mehrfach-ungesättigte Fettsäuren in Form der Linolsäure (Sonnenblumenöl, Distelöl usw.) enthalten, sind keine optimalen Fettquellen. Olivenöl und insbesondere auch Rapsöl (reich an Alpha-Linolensäure) sind zu bevorzugen. Nach wie vor gilt, dass der Konsum von gesättigten Fettsäuren (z. B. sichtbares Fett im Fleisch) eingeschränkt werden soll.

Das richtige Fett und Öl

Brotaufstriche

Massvoller Konsum von Butter (täglich nicht mehr als 10 Gramm) ist sicher nicht schädlich. Empfehlenswert ist die mit Pflanzensterinen angereicherte Margarine (becel pro.activ). Bei einem täglichen Konsum von 20 Gramm (das entspricht 2 bis 3 bestrichenen Brotscheiben) kann der Cholesterinspiegel (Gesamt- und LDL-Cholesterin) um 10 bis 15 Prozent gesenkt werden. Für Mayonnaise-Liebhaber gibt es ebenfalls Produkte ohne Cholesterin und reduziertem Fettgehalt (z. B. Thomynaise ohne Cholesterin).

Salate

Oliven- und Rapsöl ist für die Zubereitung von Salaten der Vorzug zu geben. Wer auf eine fett- und cholesterinarme Ernährung achten muss, findet im Handel auch fettreduzierte Salatsaucen ohne Cholesterin (z. B. Thomy French Dressing ohne Cholesterin).

Fettqualität

	Essenzielle Fettsäuren ☺ = mehrfach ungesättigte Fettsäuren	Gesättigte Fettsäuren ☹	Einfach ungesättigte Fettsäuren ☺
Rinderfett	3 %	54 %	43 %
Milchfett	4 %	60 %	36 %
Fischöl	22 %	22 %	56 %
Kokosfett	2 %	92 %	6 %
Olivenöl	8 %	19 %	73 %
Erdnussöl	29 %	19 %	52 %
Rapsöl	34 %	7 %	59 %
Sonnenblumenöl	63 %	8 %	29 %
Distelöl (Saflor)	72 %	10 %	18 %

Quelle: Tiptopf. Berner Lehrmittel- und Medienverlag, 1999

Zum Braten und Backen
Oliven- und Rapsöl sind hoch erhitzbar und deshalb auch für die warme Küche geeignet.

Zucker

Sowohl komplexe Kohlenhydrate als auch Zucker werden im menschlichen Körper über Traubenzucker zu Kohlensäure und Wasser abgebaut. Bei diesem Abbau werden Energien frei, von denen der Mensch lebt. Nun ist es aber wichtig zu wissen, dass dieser chemische Abbau von Rohr- und Traubenzucker nur möglich ist, wenn auch die Vitamine des B-Komplexes, z. B. Vitamin B_1, B_2, Nikotinsäure, Pantothensäure und Biotin, vorhanden sind. Alle raffinierten Zuckerarten enthalten diese Vitamine nicht mehr, weshalb sie unseren Organismus um ein Vielfaches belasten. Bei einem grossen Zuckerkonsum steigt der Triglyzeridspiegel im Blut an. Zudem darf nicht vergessen werden, dass viele Lebensmittel nebst einem grossen Zuckeranteil auch viele versteckte Fette enthalten.

Kochsalz

Kochsalz (Natriumchlorid) ist ein lebenswichtiger Bestandteil der Ernährung. In der Regel wird aber davon zuviel konsumiert (über 6 g täglich ist nicht wünschenswert). Eine hohe Kochsalzzufuhr kann besonders bei Patienten mit Bluthochdruck zu einem weiteren Anstieg des Blutdrucks führen. Bei Patienten mit Nieren- oder Herzschwäche beziehungsweise Leberzirrhose soll der Salzkonsum möglichst stark eingeschränkt werden, weil sonst Ödeme unterhalten werden.

Industriell gefertigte Nahrungsmittel wie Pizza, Fertiggerichte usw. sind normalerweise sehr salzreich. Auf das Nachsalzen von Speisen am Tisch sollte in jedem Fall verzichtet werden. Auch sogenannte Kräutersalze enthalten meist hohe Mengen an Salz. Als Alternative können die Speisen mit frischen und getrockneten Kräutern und Gewürzen geschmacklich verfeinert werden.

Flüssigkeit

Unser Körper besteht zu ca. 60 Prozent aus Flüssigkeit. Unter anderem ist das Wasser Transportmittel für die wasserlöslichen Nährstoffe zu den Zellen und für die Endprodukte zu den Ausscheidungsorganen. Täglich scheiden wir rund 2,5 Liter Wasser über den Urin und den Stuhl sowie durch Transpiration über die Haut aus. Um diese Menge wieder zu ersetzen, benötigen wir Flüssigkeit aus Getränken und fester Nahrung.

Empfehlung
Trinken Sie täglich mindestens 1,5 bis 2 Liter mehrheitlich kalorienfreie (0 Kalorien) Flüssigkeit. Ideal sind Mineralwasser nature mit oder ohne Kohlensäure, Kräuter- und Früchtetees sowie verdünnte Fruchtsäfte (haben wenig Kalorien). Verzichten Sie auf Süssgetränke (Limonaden, Coke usw.). Getränke mit Koffein und Light-Getränke sollten Sie mit Zurückhaltung konsumieren. Bezüglich Wein, siehe Ausführungen Seiten 19 und 21.

Tipps
- Begrüssen Sie den Tag mit 1 bis 2 Gläsern lauwarmem Wasser. Das bringt den Kreislauf

und die Verdauung in Schwung.
- Versuchen Sie, regelmässig Flüssigkeit zu trinken, z. B. jede volle Stunde 2 Deziliter. Bei anstrengender körperlicher Arbeit sollten Sie ausreichend trinken, damit der Flüssigkeitsverlust kompensiert werden kann.

Tipps für die tägliche Ernährung

Früchte und Gemüse

- Kaufen Sie Obst und Gemüse möglichst saisongerecht ein und bevorzugen Sie das regionale Angebot. Lange Transportwege führen zu einem Vitaminverlust.
- Kaufen Sie nicht zu grosse Vorräte ein.
- Wählen Sie möglichst naturbelassene Produkte.
- Lagern Sie Obst und Gemüse kühl und dunkel.
- Schälen Sie Gemüse und Früchte sparsam. In manchen Fällen ist das Schälen überflüssig. Obst und Gemüse nie im Wasser liegen lassen, da dadurch die wasserlöslichen Vitamine und Mineralstoffe ausgeschwemmt werden.
- Essen Sie als kleine Zwischenmahlzeit Obst (Znüni, Zvieri).
- Essen Sie zu jeder Hauptmahlzeit mindestens eine Portion Gemüse und/oder eine Portion gemischten Salat.
- Servieren Sie zum Aperitif Gemüsestäbchen mit fettarmen Dips.
- Kochen Sie mit reichlich Zwiebeln, Knoblauch und Kräutern. Sie haben mit ihrer antioxidanten Wirkung einen günstigen Einfluss auf die Blutfettwerte.
- Ziehen Sie selbst im Garten oder in Kistchen auf dem Balkon oder auf dem Fenstersims Kräuter. Ideal sind Basilikum, Petersilie, Schnittlauch, Oregano usw.

Getreideprodukte

- Essen Sie zum Frühstück Brot oder zuckerfreie Getreideflocken. Wenn Sie darauf verzichten, sollte die Zwischenverpflegung (Znüni) entsprechend grosszügig ausfallen.
- Wenn die Zeit zum Kochen knapp ist, kann ein grosser bunter Salat zusammen mit Brot ohne weiteres eine Mahlzeit sein.
- Greifen Sie auch bei «kleinem» Hunger nicht zu Süssigkeiten, sondern bevorzugen Sie ein Stück Brot.

In Ruhe essen

- Nur wer in Ruhe isst, wird das Essen auch geniessen können! Aber nicht nur das. Wer sich Zeit zum Essen nimmt, isst automatisch kontrollierter (weniger) und regelmässiger. Und was wichtig ist: wer in Ruhe isst und gut kaut, wird auch leichter verdauen. Leisten wir uns also diesen Luxus, zum Wohle unserer Gesundheit und für mehr Lebensqualität.

Zubereitungsarten

Es reicht nicht, wenn die Qualität der Nahrungsmittel stimmt. Diese sollten auch richtig zubereitet werden. Deftige, währschafte Gerichte haben für unsere heutige mehrheitlich sitzende Bevölkerung ihre Berechtigung verloren. Es gibt eine ganze Reihe von herzfreundlichen Zubereitungsarten. Das Essen wird bestimmt nie langweilig. Die Zeiten der schweren Gusseisenpfannen sind endgültig vorbei. Materialien wie Teflon oder Titan ermöglichen ein fettarmes respektive fettfreies Braten.

Dampfgaren
Schonende Garmethode. Es braucht dazu einen Siebeinsatz oder -aufsatz, den man in eine entsprechend grosse Pfanne legt oder auf den Pfannenrand setzt. Wichtig: das eingefüllte Wasser darf mit dem Gargut nicht in Kontakt kommen. Das Gemüse auf den Siebeinsatz verteilen, den Deckel aufsetzen. Auf höchster Stufe erhitzen, danach bei niedriger Stufe garen. Erst nach dem Garprozess würzen.

Dünsten
Wenig Öl in die Pfanne geben, das Gemüse bei starker Hitze unter ständigem Rühren andünsten. Wenig Flüssigkeit angiessen, den Deckel aufsetzen, bei niedriger Hitze garen.

Garen in der Alufolie
Alufolie mit wenig Butter oder Öl einpinseln. Das Gargut darauf legen und möglichst locker einschlagen oder verpacken, damit der Dampf genügend Raum hat.

Braten in der Bratpfanne
Nur so viel Öl wie absolut notwendig in die Bratpfanne geben. Das Öl am besten mit einem Pinsel verteilen. Oder das Öl zur sparsamen Dosierung in eine dunkle Pflanzenspritze füllen und diese als Fettspritze verwenden.

frühling

Frühlingsrezepte – Nährwerte

Seite/Rezept	kcal	kj	Fett total	Anteil muF	KH	EW	NF	Na
32 Jogurt-Hirseflocken-Bananen-Müesli mit Beeren	222	929	7,6 g	0,9 g	30,5 g	6,6 g	3,7 g	45,7 mg
32 Kefir-Müesli mit Weizenkeimen	145	607	6,3 g	2,2 g	13,6 g	7,8 g	4,9 g	50,0 mg
33 Fruchtiger Zitronensalat	160	669	13,1 g	1,1 g	5,4 g	1,5 g	4,8 g	181,8 mg
33 Bunter Blattsalat mit gebratenen Austernpilzen	179	749	17,9 g	1,8 g	1,3 g	2,8 g	2,1 g	517,0 mg
34 Avocado-Bruchetta mit Rucola	342	1431	24,1 g	2,4 g	25,7 g	5,3 g	8,6 g	279,5 mg
36 Kichererbsendip mit Rohkost	461	1741	15,4 g	1,1 g	55,3 g	26,5 g	28,8 g	309,1 mg
38 Zarte Lauchpuffer mit Hirseflocken	206	862	10,9 g	1,6 g	18,7 g	8,3 g	1,6 g	240,8 mg
38 Ricotta-Griess-Burger	408	1707	26,4 g	1,6 g	24,3 g	20,0 g	4,4 g	669,1 mg
40 Sesamkartoffeln mit Frischkäsesauce	555	2322	37,6 g	4,9 g	37,1 g	11,4 g	8,9 g	386,9 mg
42 Kartoffelpüree	251	1050	8,4 g	0,9 g	37,4 g	5,4 g	5,3 g	186,4 mg
42 Kartoffelgratin mit Kräutern u. Nüssen	409	1711	22,4 g	4,9 g	41,7 g	9,3 g	6,8 g	273,2 mg
43 Tofu-Gemüse-Burger	171	715	11,7 g	2,4 g	7,1 g	9,1 g	3,6 g	498,1 mg
44 Spaghetti mit Sesampesto	794	3322	42,0 g	5,6 g	81,7 g	21,9 g	2,2 g	184,1 mg
46 Ricotta-Spinat-Bratlinge	217	908	16,9 g	1,2 g	2,0 g	14,4 g	3,9 g	648,5 mg
48 Nudeln an Lauch-Limonen-Sauce	446	1866	8,7 g	0,7 g	70,2 g	18,1 g	10,7 g	162,3 mg
48 Pouletbrüstchen mit Olivenfüllung und Pinienkernen	352	1473	20,4 g	1,1 g	2,9 g	38,6 g	0,1 g	750,3 mg
50 Frühlingssalat mit Geflügelleber	368	1540	21,6 g	1,8 g	11,1 g	31,5 g	4,9 g	134,3 mg
51 Kräuter-Lammfilet mit Pilzen	283	1184	16,3 g	1,4 g	2,6 g	30,1 g	3,2 g	483,7 mg
52 Penne mit Frischlachs und Rucola	745	3117	40,7 g	5,2 g	59,3 g	0,1 g	11,1 g	260,7 mg
54 Erdbeeren mit Orangenquark	270	1130	12,1 g	0,8 g	23,0 g	12,9 g	3,2 g	37,3 mg

Die berechneten Werte sind für **eine Portion**

kcal	Kilokalorien
kj	Kilojoule
muF	mehrfach ungesättigte Fettsäuren
KH	Kohlenhydrate
EW	Eiweiss
NF	Nahrungsfasern
Na	Natrium

Jogurt-Hirseflocken-Bananen-Müesli mit Beeren

1 Person

1 Becher (180 g) Jogurt natur
1 TL Ahornsirup
1 EL grob gehackte Haselnüsse
3 EL Hirseflocken
1 mittelgrosse Banane
100 g Erdbeeren oder andere Beeren

1. Jogurt und Ahornsirup glatt rühren.
2. Haselnüsse und Hirseflocken unterrühren. Die Banane schälen und in Scheiben schneiden, zusammen mit den zerkleinerten Erdbeeren oder anderen Beeren mit dem Müesli vermengen.

Kefir-Müesli mit Weizenkeimen

1 Person

2 dl Kefir
1 TL Ahornsirup
2 EL Weizenkeime
1 EL Leinsamen oder -schrot
150 g Erdbeeren oder andere Saisonfrüchte

1. Dickmilch und Ahornsirup glatt rühren.
2. Weizenkeime und Leinsamen unterrühren. Die Früchte klein schneiden und unterrühren.

Tipp
Mit Grüntee servieren.

Fruchtiger Zitronensalat

Beilage

2 unbehandelte Zitronen
1 Knoblauchzehe, durchgepresst oder in Scheiben
reichlich gehackte glattblättrige Petersilie

1 Prise Meersalz
2–3 EL Olivenöl nativ extra

1
Die Zitronen samt Schale in möglichst kleine Würfel schneiden. Mit den restlichen Zutaten mischen, rund 30 Minuten durchziehen lassen.

Tipp
Als Beilage zu Fisch servieren. Ein Rezept aus Sizilien. Schmeckt sehr delikat und ist natürlich sehr gesund.

Inhaltsstoffe
Reich an Antioxidantien.

Bunter Blattsalat mit gebratenen Austernpilzen

Vorspeise

1 TL Olivenöl nativ extra
150 g Austernpilze oder Champignons oder andere Pilze, je nach Marktangebot
Meersalz

2 grosse Portionen Blattsalat, je nach Saison

S a u c e
1 EL Zitronensaft
Meersalz
Pfeffer, frisch gemahlen
1 Msp Senf
2 EL fettfreie Gemüsebrühe
3 EL Olivenöl nativ extra

1
Die Austernpilze in Streifen schneiden und im Öl scharf anbraten, würzen.

2
Den Blattsalat waschen und trocken schleudern, je nach Grösse zerkleinern. Auf Tellern anrichten.

3
Die Pilze auf dem Blattsalat anrichten. Die Sauce darüber träufeln. Sofort servieren.

Avocado-Bruchetta mit Rucola

Vorspeise oder kleiner Snack
oder kleine Mahlzeit

4 Scheiben Ruchbrot oder
Vollkorn-Baguette, 80–100g
1 reife Avocado
einige Tropfen Zitronensaft
1 Knoblauchzehe, durch-
gepresst

1 EL gehackte Petersilie oder
Kräuter nach Wahl
Meersalz
Pfeffer, frisch gemahlen
1/2 Bund Rucola, ca. 40 g,
fein geschnitten
Olivenöl nativ extra,
zum Beträufeln

1
Die Brotscheiben im Toaster oder im Backofen rösten.

2
Die Avocado schälen, halbieren und entsteinen. Das Fruchtfleisch mit der Gabel grob zerdrücken und sofort mit Zitronensaft, Knoblauch und Petersilie vermengen. Mit Salz und Pfeffer abschmecken.

3
Das Avocadopüree auf die getoasteten Brotscheiben verteilen. Mit der fein geschnittenen Rucola bestreuen. Mit einigen Tropfen Olivenöl beträufeln. Mit Pfeffer aus der Mühle abschmecken.

Mahlzeit
Ergibt zusammen mit einer Suppe eine komplette Mahlzeit.

Varianten
Das Brot braucht nicht unbedingt getoastet zu werden. Bruschette mit wenig fein gehobeltem Hartkäse bestreuen. Rucola gegen Petersilie austauschen.

Inhaltsstoffe
Reich an Antioxidantien.

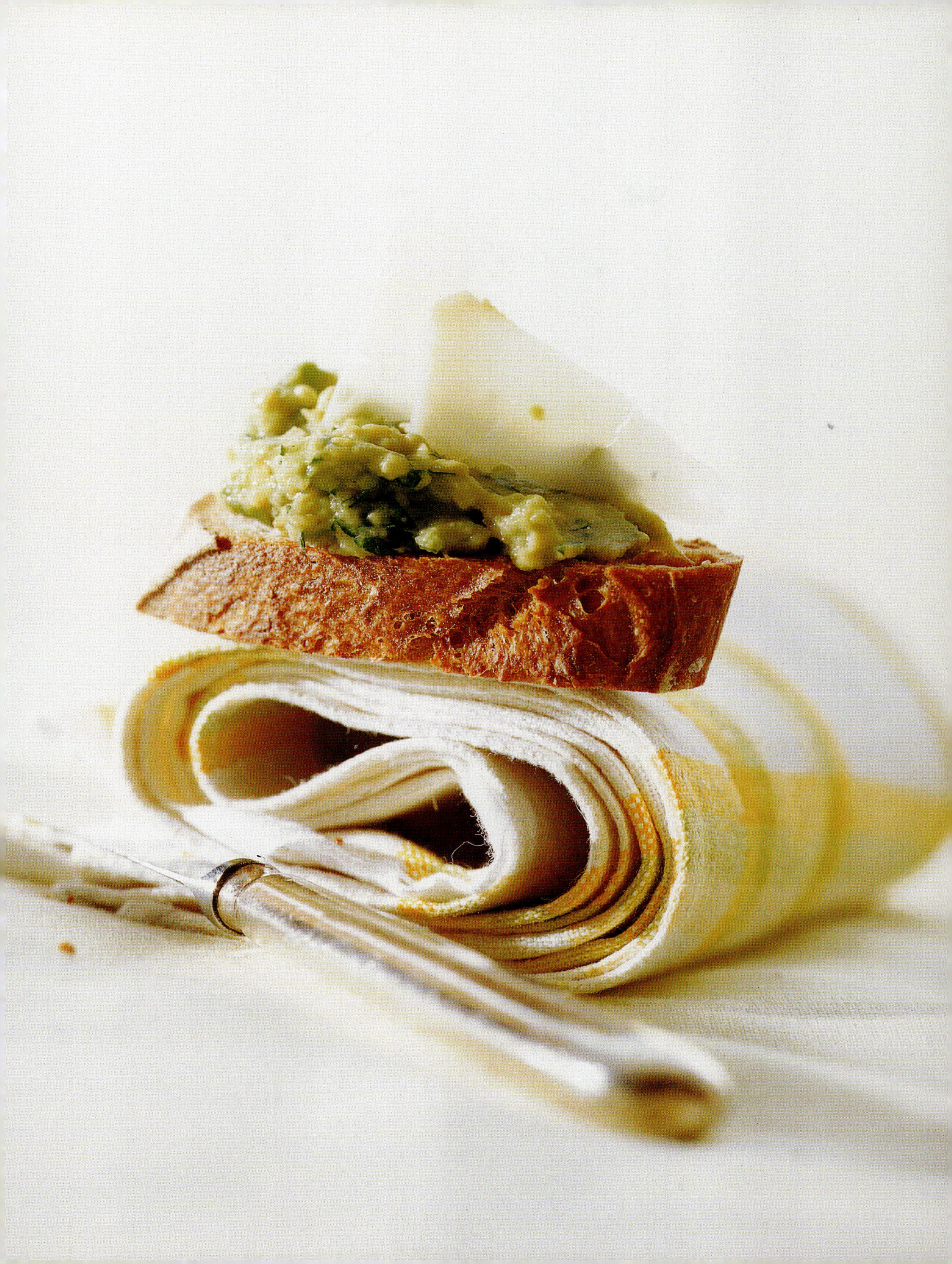

Kichererbsendip mit Rohkost

Rohkost
Karotten, Stangen-/Staudensellerie, Gurken, Kohlrabi, Fenchel, Rettich, Radieschen, je nach Marktangebot

Dip
250 g Kichererbsen aus der Dose, abgetropft
1 Knoblauchzehe, zerkleinert
2 EL Olivenöl nativ extra
$1/2$ Zitrone, davon Saft
fettfreie Gemüsebrühe
$1/2$ Bund glattblättrige Petersilie, gehackt
Kräutermeersalz
Pfeffer, frisch gemahlen

1
Kichererbsen, Knoblauch, Öl und Zitronensaft pürieren. Mit Gemüsebrühe verdünnen. Die Petersilie unterrühren. Mit Kräutersalz und Pfeffer abschmecken.

2
Das Gemüse bei Bedarf schälen und in Stängelchen oder Scheiben schneiden.

Mahlzeit
Passt auch gut zu gegarten Karotten. Ergibt zusammen mit Brot eine ganze Mahlzeit.

Variante
Anstelle der Kichererbsen gekochte weisse Bohnen oder gekochte orange Linsen verwenden.

Inhaltsstoffe
Reich an pflanzlichem Eiweiss, Faserstoffen und Antioxidantien.

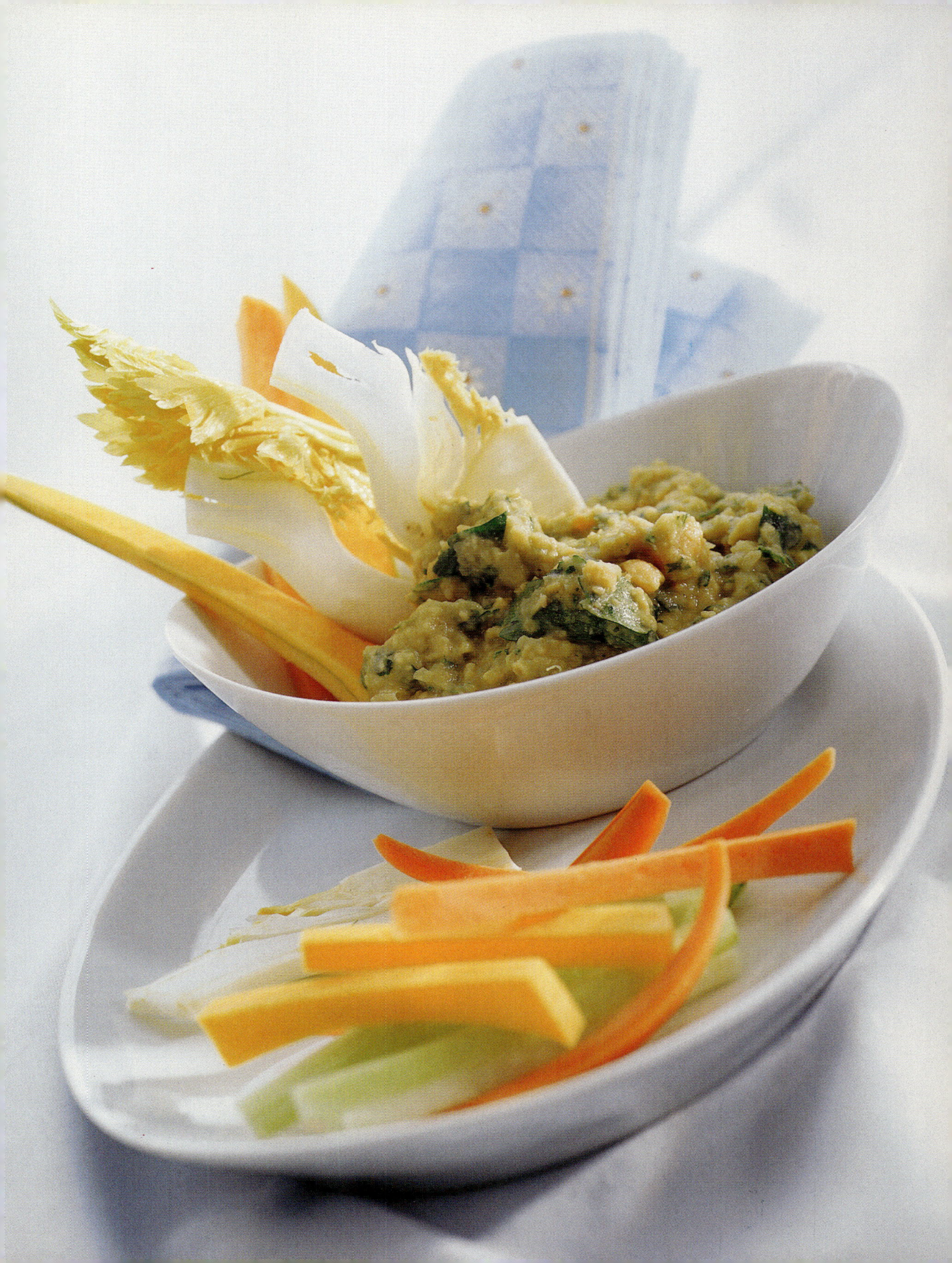

Zarte Lauchpuffer mit Hirseflocken

Hauptmahlzeit

1 TL Olivenöl nativ extra
50 g grüner Lauch
1 kleines Ei
2 EL Milch
50 g Hirseflocken
1 EL geriebener Käse
Kräutermeersalz
geriebene Muskatnuss
Pfeffer, frisch gemahlen
Olivenöl nativ extra,
zum Braten

1
Den Lauch in feine Streifen schneiden, im Öl andünsten, auskühlen lassen.

2
Alle Zutaten mischen, die Masse würzen.

3
In einer beschichteten Bratpfanne wenig Öl erhitzen, die Puffermasse mit einem Löffel direkt ins heisse Öl portionieren und leicht flach drücken. Bei kleiner Hitze braten.

Mahlzeit
Mit gedämpftem Gemüse oder mit Salat und einer kalten Jogurtsauce, Seite 78, servieren.

Inhaltsstoffe
Hirse enthält viel Eisen.

Ricotta-Griess-Burger

Hauptmahlzeit

250 g Ricotta
1 Ei
4 EL Vollkorngriess
$1/2$ unbehandelte Zitrone, davon abgeriebene Schale
$1/2$ Bund glattblättrige Petersilie, fein gehackt
1 Knoblauchzehe
Meersalz
Pfeffer, frisch gemahlen
feine Haferflocken
Olivenöl nativ extra

1
Ricotta, Ei, Griess, Zitronenschalen und Petersilie verrühren, den Knoblauch dazupressen, mit Salz und Pfeffer würzen.

2
Aus der Masse mit einem Eisportionierer oder mit einem Esslöffel Kugeln respektive Klösse abstechen, mit Hilfe von Haferflocken 8 Burger formen.

3
Die Burger in einer beschichteten Bratpfanne in wenig Öl bei mittlerer Hitze beidseitig braten, je 4 bis 5 Minuten.

Mahlzeit
Mit Gemüse und Salat servieren. Die Burger schmecken auch kalt.

Abbildung nebenan

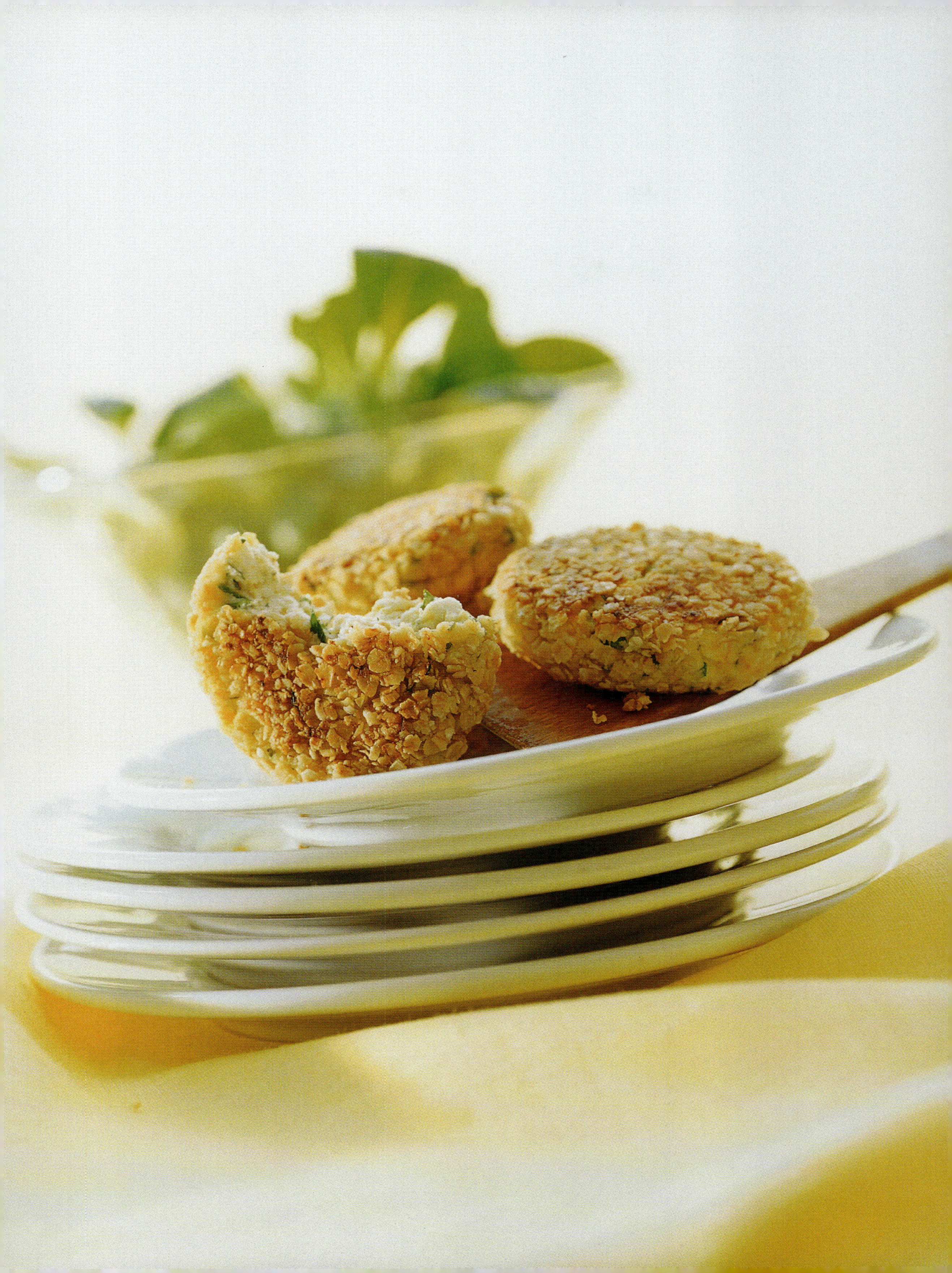

Sesamkartoffeln mit Frischkäsesauce

Hauptmahlzeit

400–500 g neue Kartoffeln
2 EL Sesamsamen
Meersalz
wenig Olivenöl nativ extra,
für die Form

Käsesauce
100 g Frischkäse,
z. B. Ziegenfrischkäse oder
Gervais oder Quark
1 kleine, reife Avocado
1 EL Zitronensaft
$1/2$–1 EL Olivenöl nativ extra,
je nach Fettanteil im Käse
1 Bund Schnittlauch,
fein geschnitten
2 EL fein gehackte Petersilie
Pfeffer, frisch gemahlen
2 EL geröstete Kürbiskerne,
für die Garnitur

1
Die Kartoffeln samt Schale längs halbieren. Die Schale ein paar Mal schräg einschneiden. Die Schnittfläche in die Sesamsamen drücken. Die Kartoffelhälften mit der Schnittfläche nach unten auf ein mit Kräutersalz bestreutes und mit Backpapier belegtes Backblech legen. Mit wenig Olivenöl bepinseln. Bei 220 °C 20 bis 25 Minuten backen, je nach Grösse der Kartoffeln.

2
Den Käse mit einer Gabel zerdrücken. Die Avocado halbieren und entsteinen, das Fruchtfleisch aus der Schale lösen und mit einer Gabel zerdrücken. Sämtliche Zutaten für die Sauce sofort miteinander vermengen. Mit Pfeffer abschmecken. Mit den Kürbiskernen bestreuen.

Mahlzeit
Mit einem bunten Salat servieren.

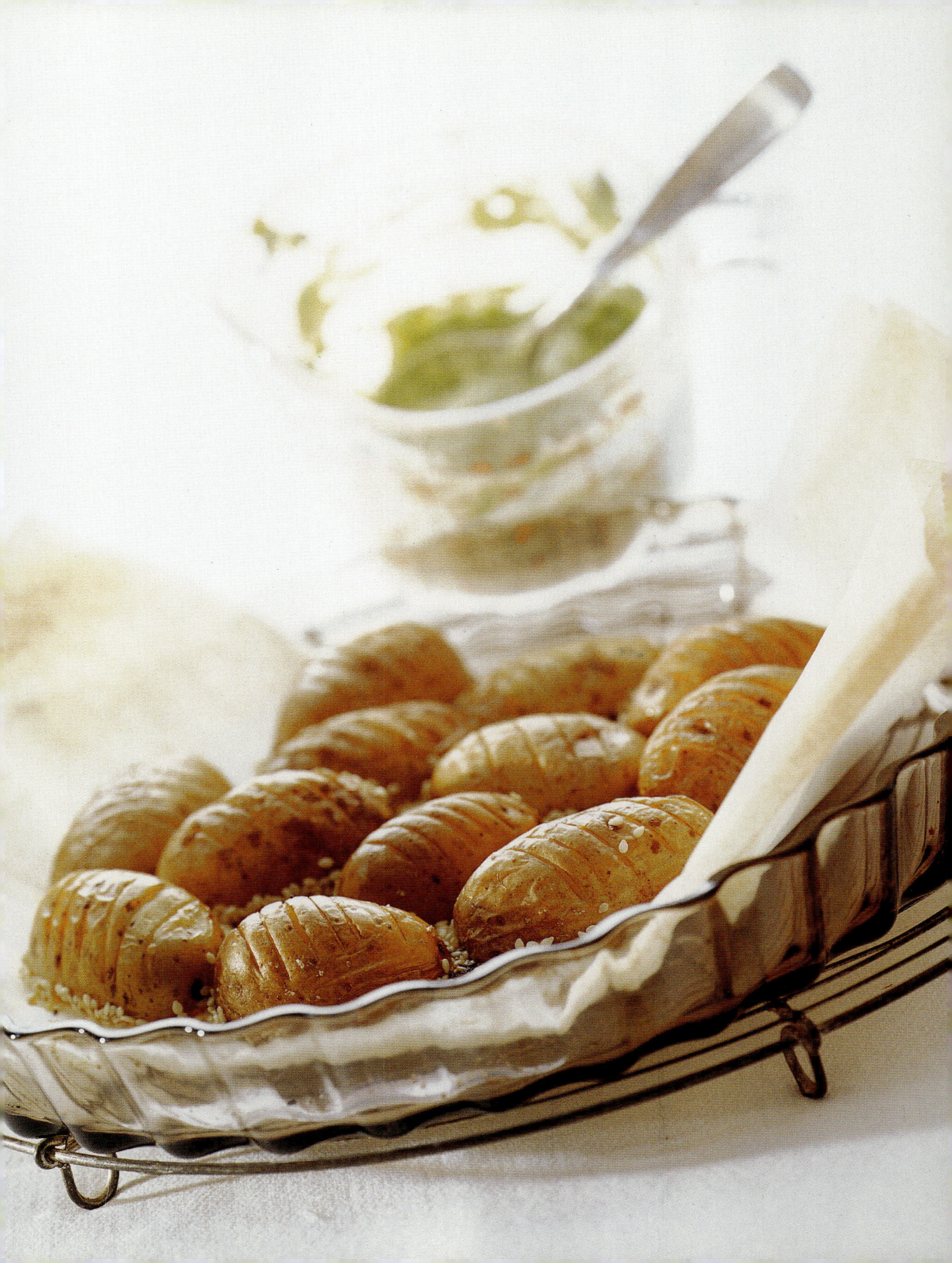

Kartoffelpüree

Beilage

500 g mehlig kochende Kartoffeln
2 EL Rahm/süsse Sahne
1 EL Olivenöl nativ extra
Meersalz
Pfeffer, frisch gemahlen
frisch geriebene Muskatnuss

1
Die Kartoffeln schälen und klein würfeln, im Dampf oder in wenig Gemüsebrühe weich garen. Die Gemüsebrühe abgiessen und auffangen. Die Kartoffeln durch das Passe-vite/Passetout drehen.

2
Das Kartoffelpüree unter Rühren mit dem Rahm und dem Olivenöl erhitzen. Je nach Konsistenz die aufgefangene Gemüsebrühe unterrühren. Würzen.

Kartoffelgratin mit Kräutern und Nüssen

Hauptmahlzeit

400–500 g mittelfest kochende Kartoffeln
2 dl/200 ml fettfreie Gemüsebrühe
1 dl/100 g Rahm/süsse Sahne
2 Knoblauchzehen
reichlich frische Kräuter, z. B. Majoran, Petersilie, Thymian, Rosmarin, Basilikum
Kräutermeersalz
Pfeffer, frisch gemahlen
2 EL gehackte Baumnüsse/ Walnüsse oder Haselnüsse

1
Den Backofen auf 200 °C vorheizen.

2
Die Kartoffeln schälen und auf dem Gemüsehobel fein hobeln. In 2 dl/200 ml Gemüsebrühe einmal aufkochen.

3
Die Kartoffeln samt Gemüsebrühe und Rahm in eine Gratinform verteilen. Die Knoblauchzehen dazupressen, mit den Kräutern unterrühren, mit Kräutersalz und Pfeffer würzen. Die Nüsse darüber streuen.

4
Das Kartoffelgratin im vorgeheizten Ofen bei 200 °C 20 bis 25 Minuten backen.

Mahlzeit
Mit Salat servieren.

Tofu-Gemüse-Burger

Hauptmahlzeit

1 EL Olivenöl nativ extra
1 kleine Zwiebel, fein gehackt
1 Knoblauchzehe, durchgepresst
150 g Gemüse, z. B. Lauch, Knollensellerie, Karotten, fein geraspelt
1 EL fein gehackte Petersilie
150 g Tofu
1 Ei
Kräutermeersalz
Pfeffer, frisch gemahlen
1 Prise scharfer Curry
1 EL Sojasauce
Olivenöl nativ extra, zum Braten

1
Zwiebeln, Knoblauch und Gemüse im Öl andünsten, 3 bis 4 Minuten, abkühlen lassen.

2
Den Tofu mit einer Gabel zerdrücken, mit dem Gemüse und dem Ei mischen, pikant würzen (der Tofu ist sehr geschmacksneutral und braucht Würze).

3
Die Masse mit einem Eisportionierer oder einem Esslöffel in 6 bis 8 Portionen teilen. Von Hand Burger formen. Die Masse ist relativ weich, sie wird aber durch das Braten fester. Das Gemüse verhindert das Austrocknen der Burger.

4
Die Burger in einer beschichteten Bratpfanne in wenig Öl bei kleiner Hitze braten, je 5 Minuten.

Mahlzeit
Mit gedämpftem Gemüse und eventuell mit wenig Naturreis, Seite 124, oder im Dampf gegarten Kartoffeln sowie Salat servieren. Die Burger können auch kalt gegessen werden.

Spaghetti mit Sesampesto

Hauptmahlzeit

160–200 g Spaghetti ohne Ei

Pesto
1/2 dl/50 ml Olivenöl nativ extra
1 Bund Basilikum, ohne Stiele
einige Zweiglein glattblättrige Petersilie, ohne Stiele
30 g geschälte Sesamsamen
30 g Kürbiskerne

2 Knoblauchzehen, durchgepresst
0,6 dl/60 ml lauwarmes Wasser
1 TL fettfreies Instant-Gemüsebrühepulver
Pfeffer, frisch gemahlen
Meersalz

Petersilie, für die Garnitur
einige Pecorino- oder Parmesanspäne, nach Belieben

1
Für den Pesto sämtliche Zutaten mixen/pürieren, mit Salz und Pfeffer abschmecken

2
Die Spaghetti in einem grossen Topf in reichlich Salzwasser al dente kochen. In ein Sieb abgiessen, sofort mit dem Pesto vermengen.

3
Spaghetti anrichten. Mit der Petersilie garnieren.

Variante
Für eine Avocado-Pesto eine reife Avocado halbieren und entsteinen, zusammen mit dem Saft einer halben Zitrone, je einer Hand voll Basilikumblättern und glattblättriger Petersilie, zwei Esslöffeln Pinienkernen, einer grob gehackten Knoblauchzehe und drei Esslöffeln Olivenöl nativ extra mixen/pürieren. Mit Kräutersalz abschmecken. Eventuell mit wenig Spaghetti-Kochwasser verdünnen. Die heissen Spaghetti mit ein bis zwei Esslöffeln Olivenöl nativ extra vermengen. Die Sauce separat servieren.

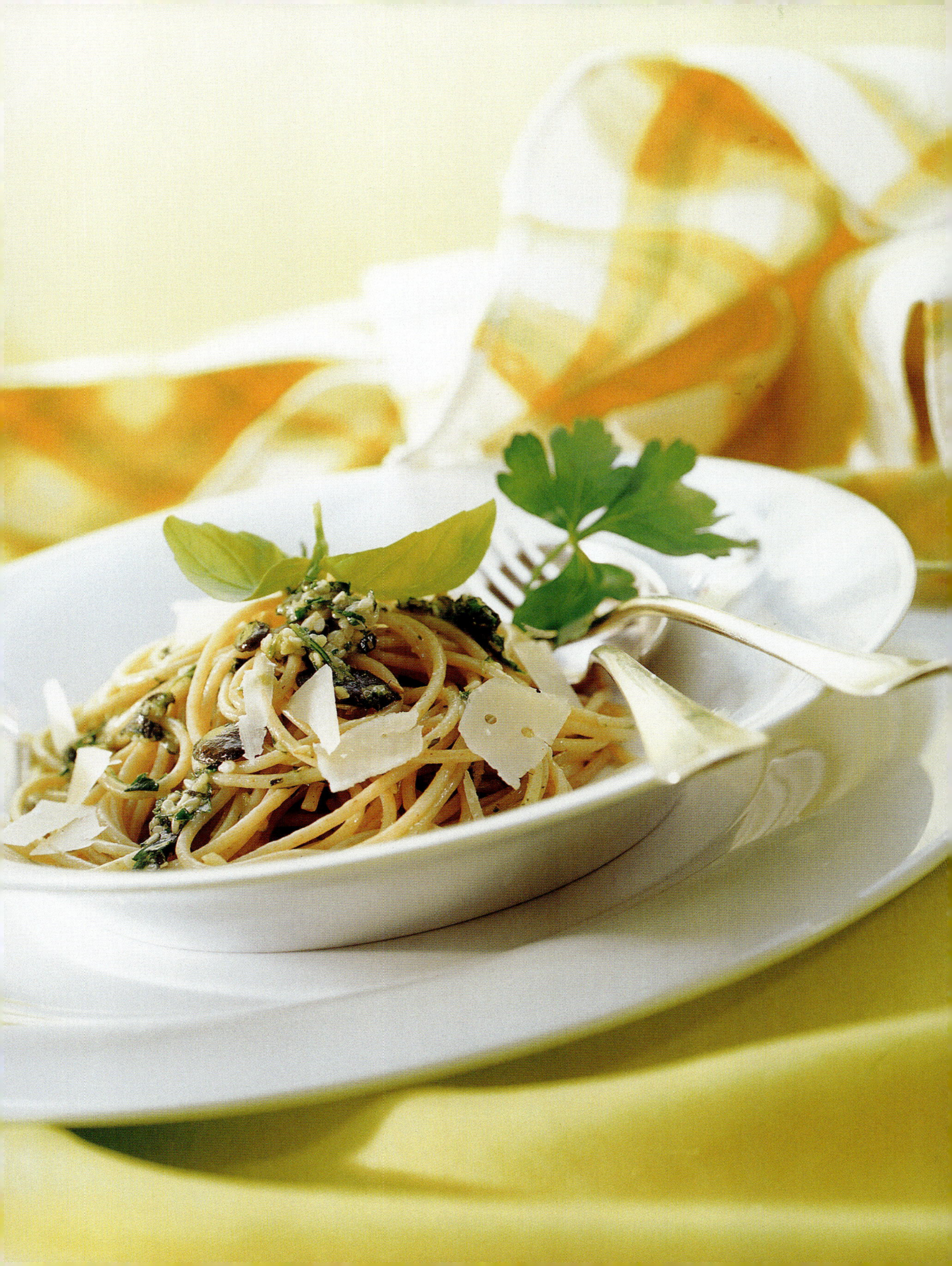

Ricotta-Spinat-Bratlinge

Hauptmahlzeit

300 g Spinat
125 g Ricotta
1/2 verquirltes Freilandei
20 g geriebener Käse
1 Knoblauchzehe, durchgepresst
Pfeffer, frisch gemahlen
Kräutermeersalz
geriebene Muskatnuss
Olivenöl nativ extra, zum Braten

1
Den Spinat im Dampf zusammenfallen lassen, in ein Sieb abgiessen und gut ausdrücken, dann grob hacken.

2
Spinat, Ricotta, Ei, Käse und Knoblauch vermengen. Die Masse würzen.

3
In einer beschichteten Bratpfanne wenig Öl erhitzen. Die Spinatmasse mit einem Esslöffel portionieren und direkt in die Pfanne geben. Die Bratlinge bei mittlerer Hitze beidseitig je 5 Minuten braten.

Wichtig
Der Spinat muss relativ trocken sein, damit die Masse bindet.

Zum Rezept
Ein Originalrezept aus dem Süden von Bella Italia.

Mahlzeit
Mit Naturreis, Seite 124, servieren.

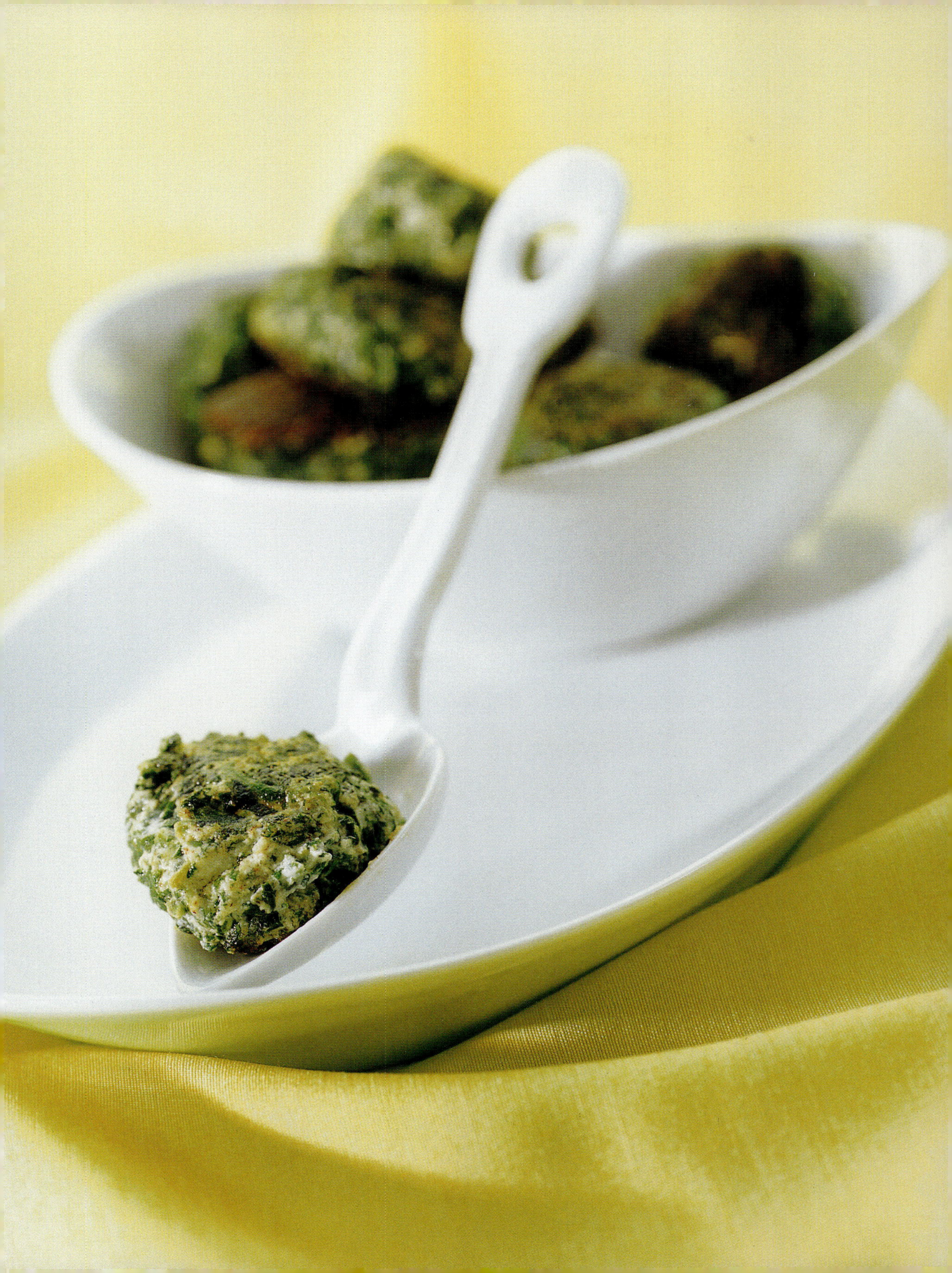

Nudeln an Lauch-Limonen-Sauce

Hauptmahlzeit

160–200 g Vollkornnudeln

Sauce
1 TL Olivenöl nativ extra
200 g gelber Lauch, in feinen Streifen
1/4 TL milder Curry
1 EL Pinienkerne
1 EL Rosinen
2 EL Noilly Prat
1/2 dl/50 ml fettfreie Gemüsebrühe
1 Limone, davon abgeriebene Schale

1
Den Lauch zusammen mit dem Curry im Öl andünsten, Pinienkerne und Rosinen zugeben. Noilly Prat und Gemüsebrühe angiessen, kurz köcheln lassen. Kurz vor dem Servieren die Limonenschalen unterrühren.

2
Die Nudeln in einem grossen Topf in reichlich Salzwasser al dente kochen. Abgiessen.

3
Nudeln zur Lauch-Limonen-Sauce geben, kurz erhitzen.

Pouletbrüstchen mit Olivenfüllung und Pinienkernen

Hauptmahlzeit

2–3 EL Olivenpaste
wenig Thymian
2 Poulet-/Hähnchenbrüstchen, je 150 g
1–2 EL Olivenöl nativ extra, zum Braten
Kräutermeersalz
1/2 Eiweiss
2 EL Pinienkerne

Abbildung nebenan

1
Den Backofen auf 220 °C vorheizen.

2
Die Olivenpaste mit dem gehackten Thymian verrühren.

3
Die Pouletbrüstchen aufschneiden, die Hälfte der Olivenpaste in die Taschen streichen. Das Fleisch in einer Bratpfanne im Öl beidseitig anbraten. Den Rest der Tapenade auf die Brüstchen verteilen (einseitig). Die Pinienkerne mit dem Eiweiss vermengen, auf die Tapenade verteilen.

4
Die Pouletbrüstchen im vorgeheizten Ofen bei 220 °C 12 Minuten backen.

Mahlzeit
Mit Naturreis, Seite 124, oder im Dampf gegarten Kartoffeln oder Nudeln und Lauchgemüse servieren.

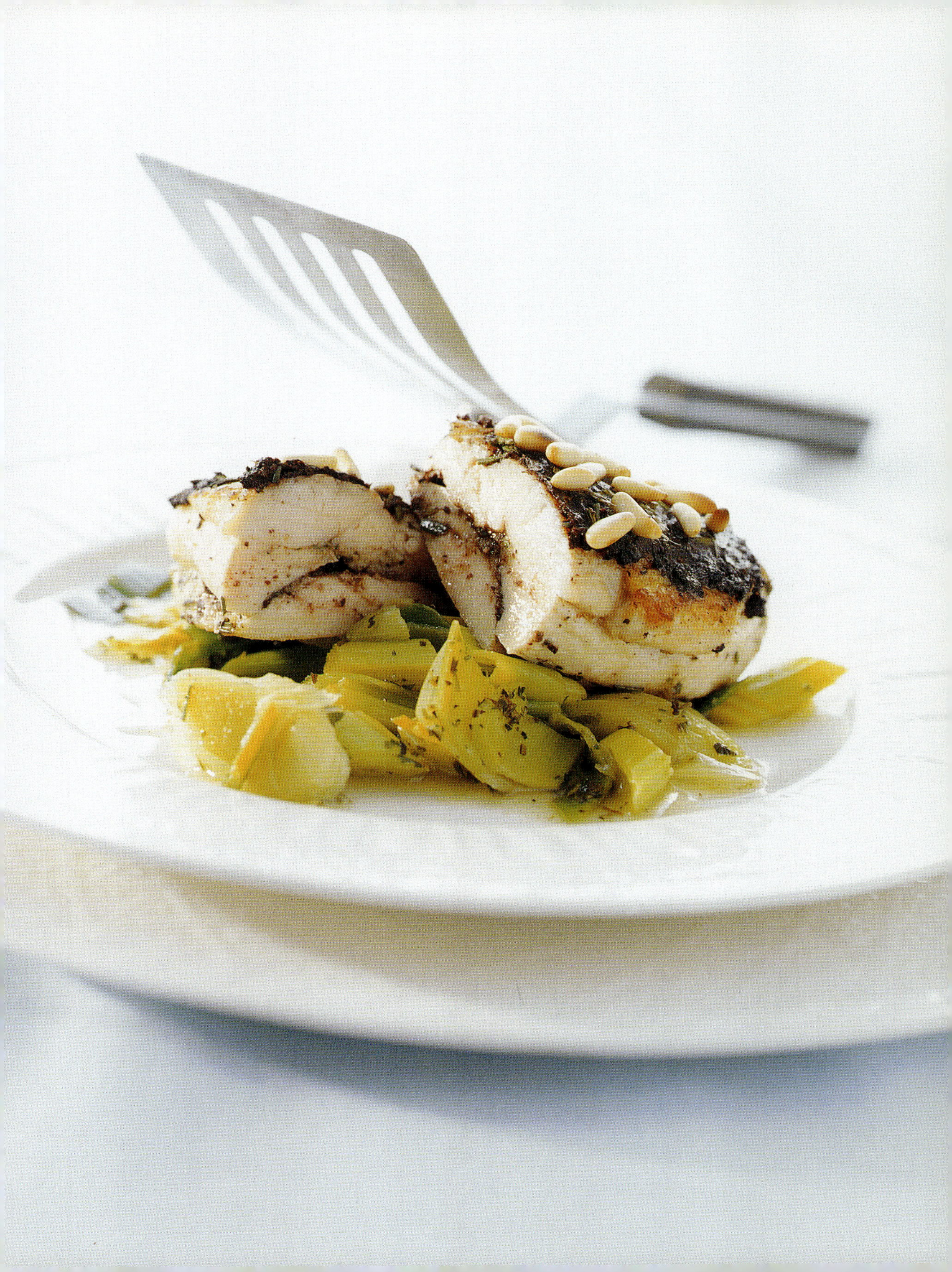

Frühlingssalat mit Geflügelleber

Hauptmahlzeit

200 g gemischter Blattsalat,
z. B. junger Löwenzahn oder
Bleichlöwenzahn, Garten-/
Brunnenkresse, Eichblatt-
salat, Schnittsalat, Portulak,
junger Spinat
1 kleine Karotte
1 kleiner Kohlrabi
2 Schalotten, in feinen Ringen
1 EL Rotweinessig
2–3 EL Olivenöl nativ extra

Leber
1 TL Olivenöl nativ extra
250 g Poulet/-Hühnerleber,
in Streifen
Kräutermeersalz
Pfeffer, frisch gemahlen
2 EL milder Balsamico-Essig
4 Salbeiblätter,
fein geschnitten

1
Den Frühlingssalat waschen und trocken schleudern, eventuell zerkleinern. Die Karotte und den Kohlrabi schälen und in kleinste Würfelchen (Brunoise) schneiden.

2
Blattsalat, Gemüsewürfelchen und Zwiebelscheiben mischen, auf Tellern anrichten.

3
Die Pouletleberstreifen im Olivenöl rundum kurz und kräftig braten, würzen. Auf einen Teller geben. In der gleichen Pfanne die Salbeistreifen im Balsamico-Essig kurz dünsten. Leber zufügen und nochmals kurz erwärmen. Abschmecken.

4
Die noch warme Leber auf dem Blattsalat anrichten. Den Essig und das Öl darüber träufeln.

Mahlzeit
Je nach Appetit noch Vollkornbrot oder Toastbrot dazu servieren.

Kräuter-Lammfilet mit Pilzen

Hauptmahlzeit

1 EL Olivenöl nativ extra
250 g Lammfilet
1 Rosmarinzweig
2–3 Thymianzweiglein
Kräutermeersalz
Pfeffer, frisch gemahlen

P i l z e
1 EL Olivenöl nativ extra
1 Schalotte, fein gehackt
1 Knoblauchzehe, durchgepresst
300 g gemischte Wald- oder Zuchtpilze, je nach Angebot
2 EL trockener Weisswein
1 EL Rahm/süsse Sahne
Kräutermeersalz
Pfeffer, frisch gemahlen
1 EL gehackte Petersilie

1
Die Rosmarinnadeln und die Thymianblättchen abstreifen und hacken. Das Lammfilet in Scheiben schneiden. Mit Salz und Pfeffer würzen und mit den gehackten Kräutern bestreuen.

2
Die Pilze je nach Verschmutzung trocken abreiben, nach Möglichkeit nicht waschen. Je nach Grösse ganz lassen oder halbieren oder in Streifen schneiden.

3
Schalotten und Knoblauch im Öl andünsten. Die Pilze zugeben und bei starker Hitze einige Minuten rührbraten, den Weisswein und den Rahm angiessen, kurz köcheln lassen. Mit Kräutersalz und Pfeffer würzen. Die Petersilie unterrühren.

4
Das Lammfilet im Öl beidseitig braten. Mit dem Pilzragout anrichten.

Mahlzeit
Mit Naturreis, Seite 124, oder Kartoffelpüree, Seite 42, sowie Gemüse und/oder Salat servieren.

Penne mit Frischlachs und Rucola

Hauptmahlzeit

180 g Vollkornpenne

2 EL Olivenöl nativ extra
1–2 Knoblauchzehen, grob gehackt oder durchgepresst
200 g Frischlachs, gewürfelt

Meersalz
Pfeffer, frisch gemahlen
$1/2$ EL Zitronensaft
1 kleiner Bund Rucola, in Streifen
$1/2$ kleine, reife Avocado, in Würfelchen
Olivenöl nativ extra, zum Abschmecken

Cherrytomaten, nach Belieben

1
Den Knoblauch in einer beschichteten Pfanne im Öl andünsten, ohne ihn braun werden zu lassen. Die Fischwürfel zugeben, mit Salz, Pfeffer und Zitronensaft abschmecken. Kurz weiterdünsten, damit der Fisch durch und durch heiss wird.

2
Die Nudeln in einem grossen Topf in reichlich Salzwasser al dente kochen. In ein Sieb abgiessen, sofort mit dem Lachs, der Rucola und den Avocados mischen. Mit ein paar Tropfen Olivenöl abschmecken. Nach Belieben mit halbierten oder geviertelten Cherrytomaten garnieren. Sofort servieren.

Mahlzeit
Mit einem Saisonsalat servieren.

Inhaltsstoffe
Reich an Omega-3-Fettsäuren.

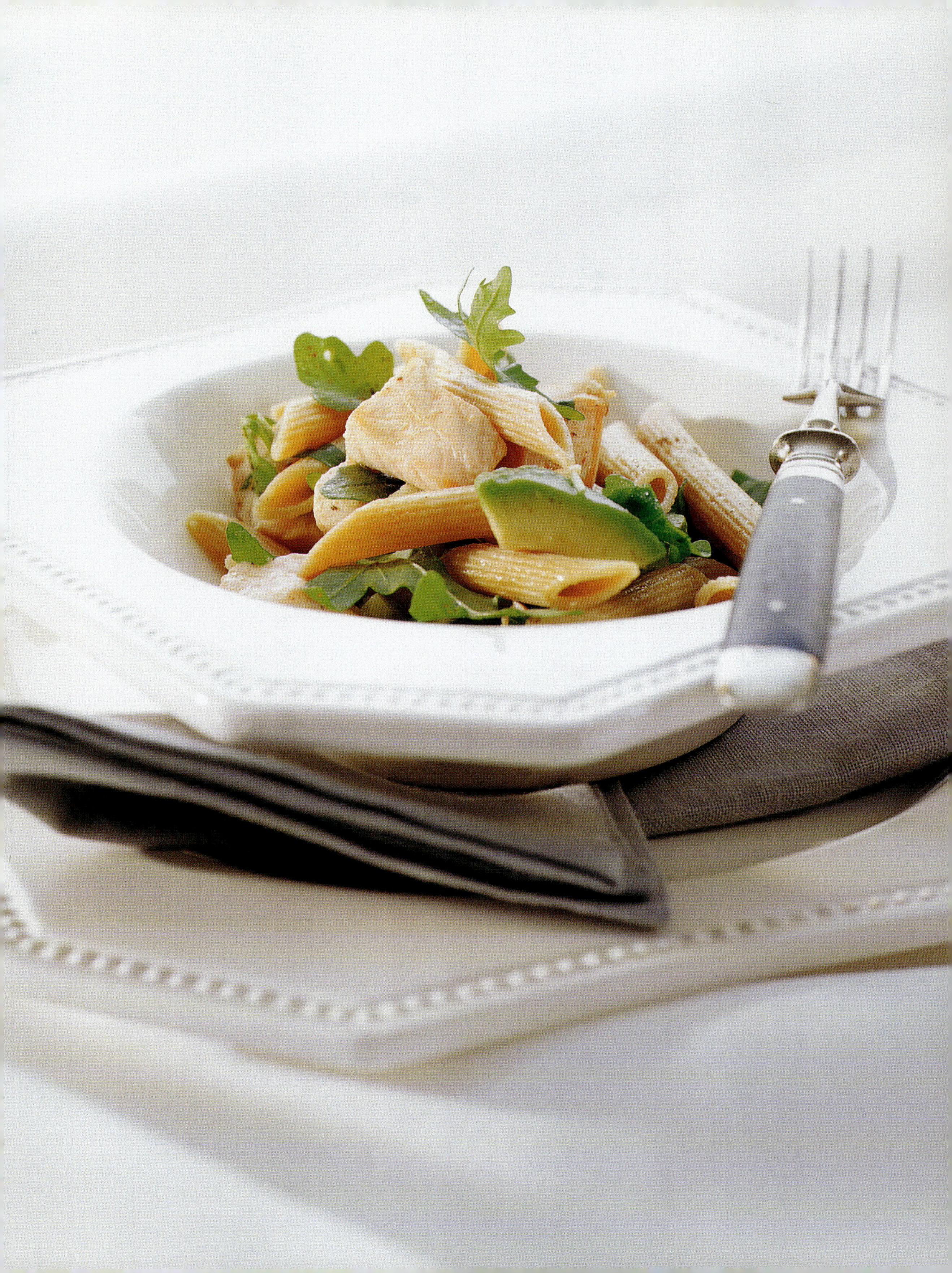

Erdbeeren mit Orangenquark

250 g Erdbeeren

200 g Rahmquark
1 unbehandelte Orange,
Saft und etwas abgeriebene
Schale
1 EL Cointreau
2 TL Akazienhonig oder
Ahornsirup
1 Prise Vanillepulver oder
-zucker

1
Quark, Orangensaft und -schale, Cointreau, Akazienhonig und Vanillepulver luftig aufschlagen. Auf zwei Glasschalen verteilen.

2
Die Erdbeeren je nach Grösse halbieren, vierteln oder in Scheiben schneiden, auf dem Quark anrichten. Mit wenig Honig beträufeln, je nach Süsse der Früchte.

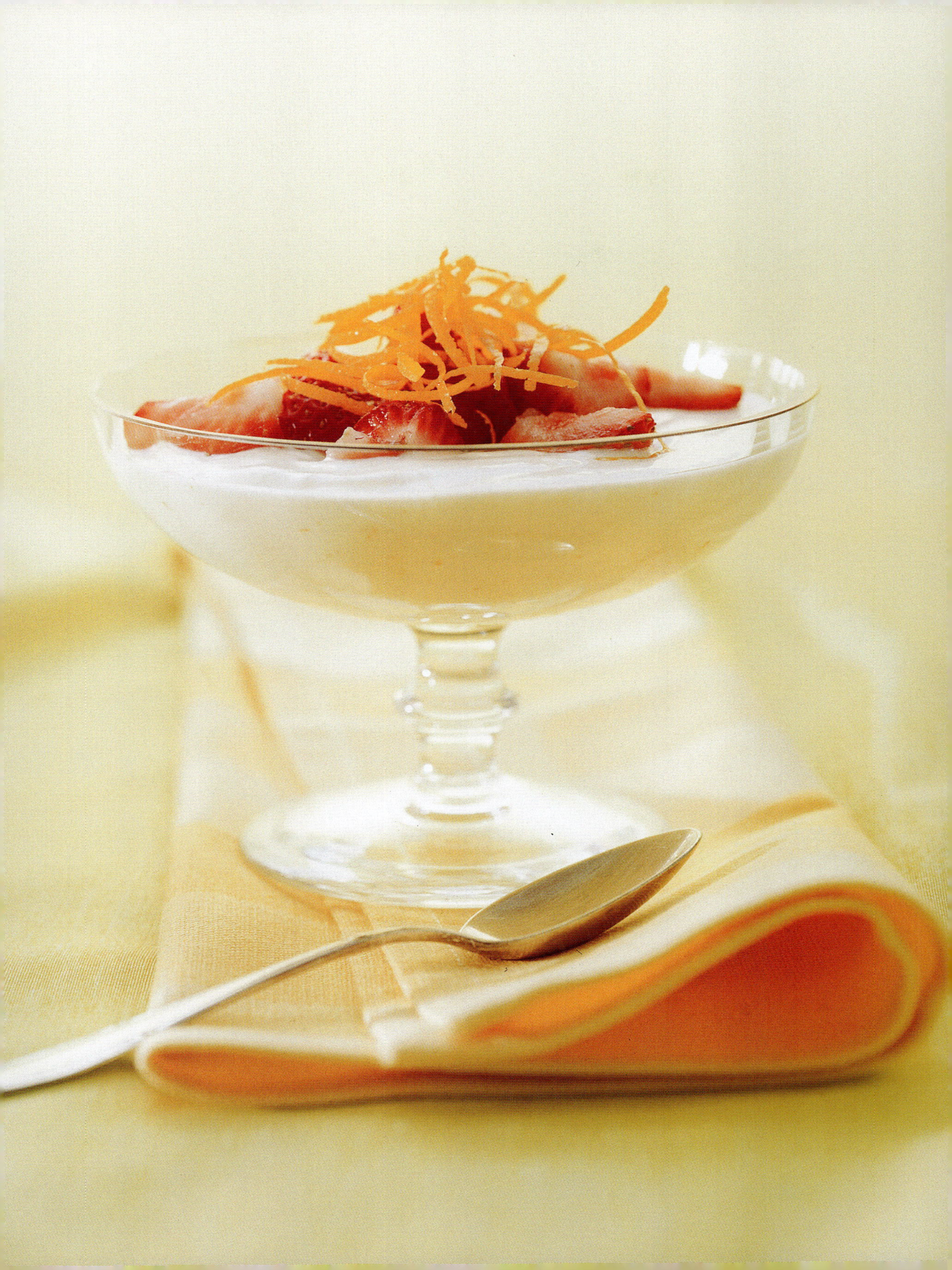

sommer

Sommerrezepte – Nährwerte

Seite/Rezept	kcal	kj	Fett total	Anteil muF	KH	EW	NF	Na
58 Sauermilch-Gerstenflocken-Müesli	136	569	4,9 g	0,6 g	14,9 g	4,9 g	2,2 g	46,5 mg
58 Jogurt-Fünf-Korn-Müesli	233	975	13,0 g	1,4 g	22,0 g	5,7 g	3,3 g	46,6 mg
60 Focaccia mit Peperoni und Schafskäse	316	1322	15,3 g	1,4 g	29,4 g	14,9 g	9,0 g	1086,4 mg
62 Marinierte Avocados mit Pilzen	287	1201	28,6 g	2,5 g	2,5 g	3,2 g	8,2 g	181,7 mg
62 Bohnen-Avocado-Salat mit Roquefort	583	2439	52,7 g	3,7 g	10,4 g	15,9 g	10,5 g	1006,7 mg
63 Rotweinvinaigrette	48	201	5,0 g	0,6 g	0,4 g	0,2 g	0,0 g	150,2 mg
63 Estragonvinaigrette	53	222	5,1 g	3,2 g	1,2 g	0,1 g	0,0 g	17,0 mg
63 Orangen-Olivenöl-Dressing	190	795	19,5 g	1,4 g	2,6 g	2,1 g	0,1 g	88,0 mg
63 Zitronenrahmsauce	55	230	5,7 g	0,4 g	0,4 g	0,4 g	0,0 g	91,2 mg
63 Tomatenvinaigrette	123	515	12,6 g	9,0 g	1,1 g	0,8 g	1,2 g	126,4 mg
63 Apfel-Olivenöl-Dressing mit Nüssen	90	377	9,2 g	1,7 g	1,1 g	0,6 g	0,4 g	106,0 mg
64 Bohnen-Kartoffel-Salat mit Feta	446	1866	30,0 g	2,8 g	28,8 g	1,6 g	6,3 g	1202,3 mg
66 Lauwarmer Gemüsesalat mit Kichererbsen und Krevetten	533	2230	24,3 g	2,4 g	44,5 g	32,5 g	21,9 g	200,2 mg
67 Bohnen-Tomaten-Salat	390	1632	26,9 g	3,9 g	21,4 g	16,6 g	8,4 g	686,2 mg
68 Frischkäse-Peperoni-Mousse	211	883	14,0 g	7,0 g	4,5 g	4,9 g	3,3 g	73,2 mg
68 Kräutertomaten	185	774	15,9 g	2,4 g	5,2 g	4,7 g	4,2 g	185,1 mg
70 Zucchinicremesuppe mit Basilikum	178	745	13,8 g	0,8 g	7,7 g	5,0 g	3,3 g	323,2 mg
72 Tomaten mit Roquefort-Spinat-Füllung	367	1536	24,7 g	1,3 g	14,9 g	20,3 g	8,0 g	1266,8 mg
74 Zucchini alla Parmigiana	211	883	10,4 g	0,8 g	12,8 g	16,0 g	5,2 g	365,9 mg
76 Mexikanische Peperoni-Mais-Pfanne	362	1515	8,7 g	2,2 g	57,7 g	12,1 g	15,5 g	483,5 mg
77 Peperoni-Tofu-Spiess mit Zwiebeln	430	1799	17,9 g	4,2 g	45,6 g	19,1 g	18,9 g	433,1 mg
78 Lammspiess mit Tzaziki	633	2648	35,7 g	3,6 g	20,8 g	38,5 g	4,7 g	406,7 mg
80 Meeresfrüchtesalat mit Rucola	364	1523	24,6 g	1,8 g	5,8 g	29,1 g	3,4 g	1351,8 mg
82 Schnelle Zucchinipuffer mit Minze	235	983	6,8 g	1,2 g	32,3 g	10,4 g	7,9 g	236,3 mg
82 Zucchini-Lachs-Röllchen	264	1105	20,2 g	1,2 g	3,2 g	16,2 g	2,3 g	36,6 mg
84 Schnelles Himbeereis	103	431	3,8 g	0,1 g	12,0 g	2,6 g	7,1 g	10,1 mg
84 Erdbeer-Kiwi-Salat	129	540	3,6 g	0,8 g	17,9 g	2,5 g	4,0 g	5,6 mg
85 Fruchtcocktail mit Jogurt und Nüssen	192	803	7,2 g	3,2 g	24,2 g	5,0 g	7,1 g	26,7 mg

Die berechneten Werte sind für **eine Portion**

kcal	Kilokalorien
kj	Kilojoule
muF	mehrfach ungesättigte Fettsäuren
KH	Kohlenhydrate
EW	Eiweiss
NF	Nahrungsfasern
Na	Natrium

Sauermilch-Gerstenflocken-Müesli

1 Person

1,5 dl/150 ml Sauermilch
1/2 Zitrone, Saft
1 TL Akazienhonig
2 EL Gerstenflocken
1 TL gehackte Mandeln
150–200 g Obst, je nach Jahreszeit

1
Sauermilch, Zitronensaft und Akazienhonig glatt rühren.

2
Die Gerstenflocken und die Mandeln unterrühren. Das Obst klein schneiden und zugeben.

Jogurt-Fünf-Korn-Müesli mit Haselnüssen

1 Person

2 EL Fünf-Korn-Flocken
1 Becher (180 g) Vollmilchjogurt
1 Prise Vanillepulver
evtl. 1 TL Ahornsirup oder Agavendicksaft
10 Haselnüsse, grob gehackt
150 g Obst

1
Die Flocken in ein Glas/in eine Glasschale geben.

2
Jogurt, Vanillepulver und Ahornsirup glatt rühren, auf die Flocken verteilen.

3
Die Früchte klein schneiden, auf den Jogurt verteilen. Die Nüsse dazugeben.

Abbildung nebenan

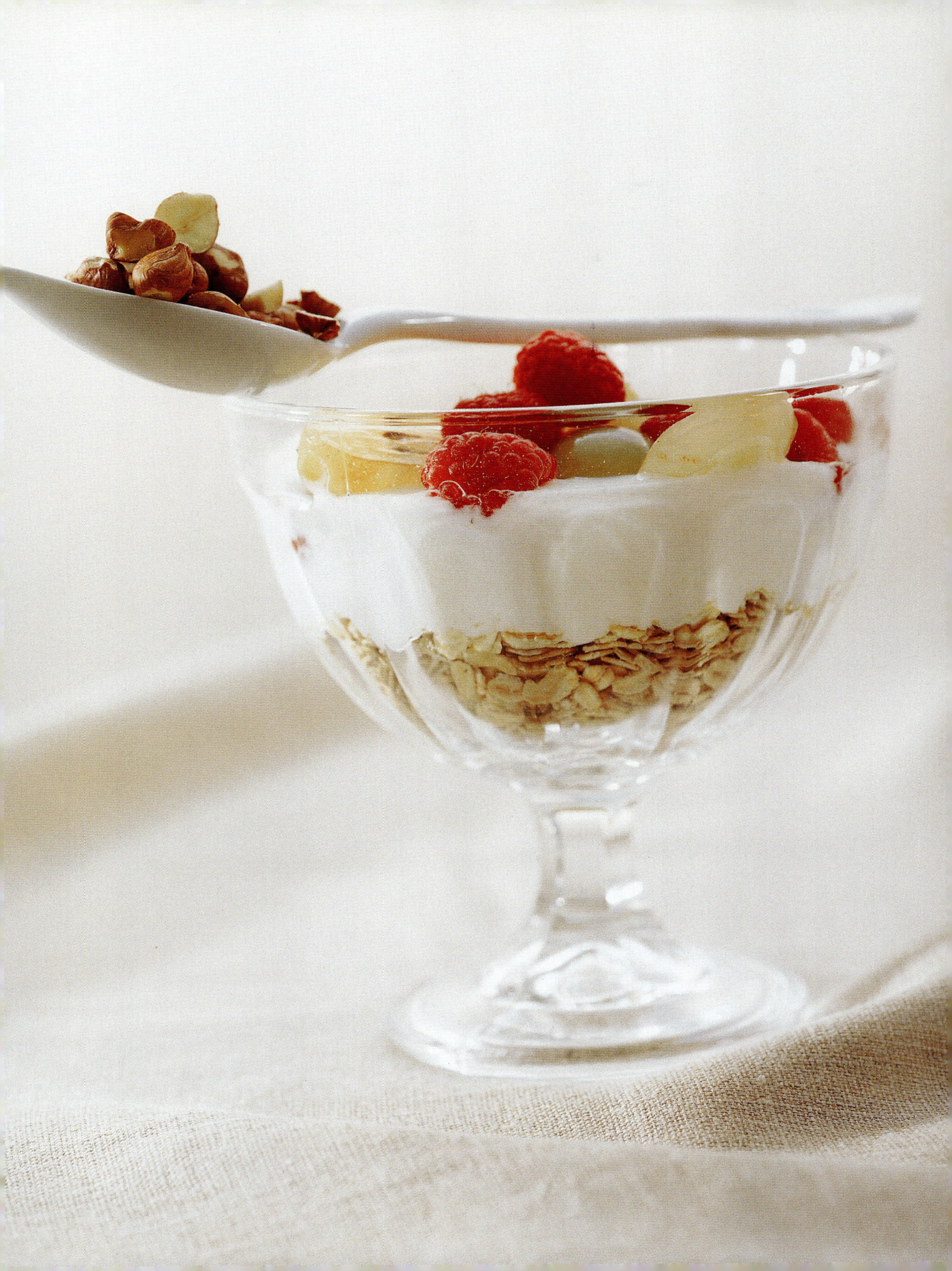

Focaccia mit Peperoni und Schafskäse

leichte Mahlzeit oder
Vorspeise

2 Focacce oder
120 g Vollkorn-Baguette
3 längliche hellgrüne
Peperoni (türkische Paprika-
schoten), ca. 200 g
1 EL Olivenöl nativ extra
2 Knoblauchzehen,
fein gehackt

Kräutermeersalz
Pfeffer, frisch gemahlen
100 g Fetawürfelchen
einige Zweiglein glattblättrige
Petersilie
2–3 Cherrytomaten, für die
Garnitur

1
Die Peperoni halbieren, entkernen und in kleine Quadrate schneiden.

2
Das Olivenöl in einer beschichteten Bratpfanne erhitzen. Peperoni zugeben und unter Rühren 6 bis 8 Minuten dünsten. Zum Schluss den Knoblauch zugeben und kurz mitdünsten. Salzen. Beiseite stellen.

3
Focacce aufschneiden. Mit den Peperoni- und Fetawürfelchen belegen. Mit Petersilienblättern und Tomatenscheiben garnieren. Nach Belieben mit wenig Olivenöl nativ extra beträufeln.

Variante
Man kann die Focacce oder Brotscheiben auch kurz im Backofen oder im Toaster rösten.

Mahlzeit
Leichte Sommermahlzeit. Je nach Appetit serviert man dazu noch eine Suppe oder einen Salat. Auch ein idealer Snack. Zum Mitnehmen geeignet. Wer Peperoni nicht mag, kann sie durch feine Zucchinischeiben ersetzen, die man ebenfalls dünstet.

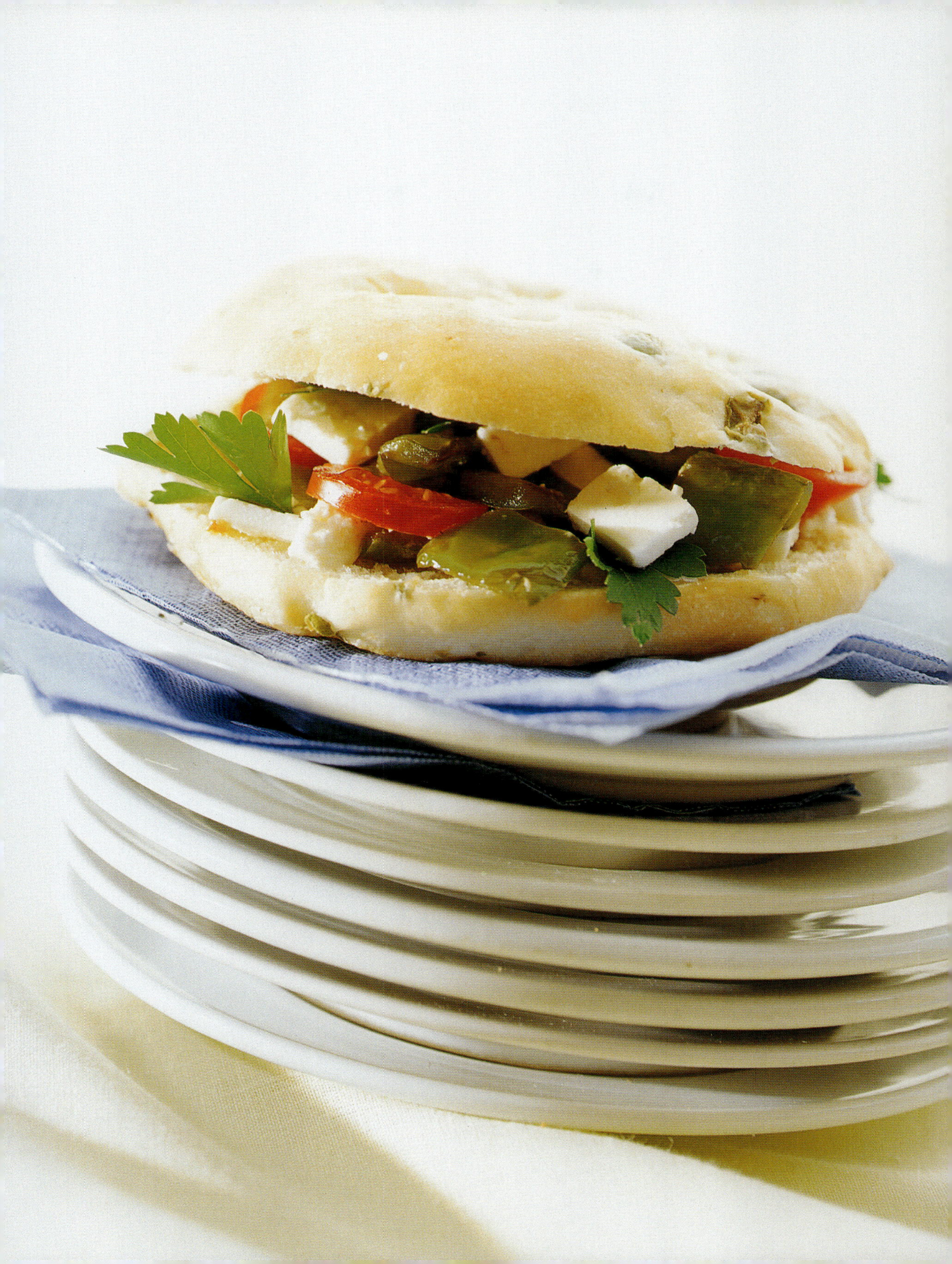

Marinierte Avocados mit Pilzen

Vorspeise oder Beilage

1 reife Avocado
½ Zitrone, davon Saft
Kräutermeersalz
Pfeffer, frisch gemahlen
1 kleine feste Tomate, klein gewürfelt
4 Champignons, in sehr feinen Scheiben
1 TL milder Balsamico-Essig
1 EL Olivenöl nativ extra
1 EL fein geschnittener Schnittlauch

1
Die Avocado schälen, halbieren und entkernen. Die Fruchthälften in Schnitze schneiden, auf Tellern anrichten. Sofort mit dem Zitronensaft beträufeln. Mit Kräutersalz und Pfeffer würzen.

2
Die Tomatenwürfelchen und die Pilzscheiben darüber streuen. Mit Balsamico-Essig und Olivenöl beträufeln. Mit dem Schnittlauch garnieren.

Bohnen-Avocado-Salat mit Roquefort

Hauptmahlzeit

250 g zarte grüne Bohnen
1 Bund Rucola, in Streifen
1 kleine Zwiebel, fein gehackt
1 reife Avocado
Zitronensaft
80–100 g Roquefort oder Feta, gewürfelt

Sauce
2 EL Himbeeressig
Kräutermeersalz
Pfeffer, frisch gemahlen
3 EL Olivenöl nativ extra

Cherrytomaten

1
Bei den grünen Bohnen den Stielansatz wegschneiden. Bohnen im Dampf knackig garen, 10 bis 12 Minuten. Dickere Bohnen haben eine längere Garzeit, 20 bis 25 Minuten. Mit kaltem Wasser abschrecken.

2
Die Avocado schälen, halbieren und entsteinen, das Fruchtfleisch klein würfeln. Oder die Avocado halbieren und entsteinen und aus dem Fruchtfleisch kleine Kugeln ausstechen. Sofort mit Zitronensaft beträufeln.

3
Grüne Bohnen, Zwiebeln, Avocado, Rucola und Roquefort mischen, auf Tellern anrichten. Mit der Sauce beträufeln. Mit halbierten oder geviertelten Cherrytomaten garnieren.

Mahlzeit
Mit Vollkornbrot servieren.

Salatsaucen

für 4 Personen

Rotweinvinaigrette

1 EL Rotweinessig
1 EL fettfreie Gemüsebrühe
Pfeffer, frisch gemahlen
1 Msp Meersalz
2 EL Olivenöl nativ extra
1 Knoblauchzehe, durchgepresst

Passt zu Blattsalat

Estragonvinaigrette

1 EL Estragonessig
1 TL Senf
1 EL Rotwein
1 Msp Blütenhonig
2 EL kalt gepresstes Sonnenblumenöl oder Olivenöl extra nativ

Passt zu Endiviensalat

Orangen-Olivenöl-Dressing mit Pinienkernen

4 EL frischer Orangensaft
6 EL Olivenöl nativ extra
Meersalz
Pfeffer, frisch gemahlen
3 EL geröstete Pinienkerne

Passt zu Nüssli-/Feldsalat

Zitronenrahmsauce

1 EL Zitronensaft
4 EL Rahm/süsse Sahne
1 Msp Meersalz
1 Prise weisser Pfeffer
1 EL kalt gepresstes Sonnenblumenöl oder Olivenöl nativ extra
1 unbehandelte Zitrone, davon wenig abgeriebene Schale

Passt zu rohem Wurzelgemüse (Rohkost) und Blattsalat

Tomatenvinaigrette

1 EL Rotweinessig
1 EL fettfreie Gemüsebrühe
1 EL Rotwein
5 EL Baumnuss-/Walnussöl oder halb Baumnuss/Walnuss- und Olivenöl nativ extra
Pfeffer, frisch gemahlen
$1/2$ Bund Schnittlauch, fein geschnitten
1 kleine feste Tomate, geschält und klein gewürfelt

Passt zu Eichblattsalat und Brüsseler Endivie

Apfel-Olivenöl-Dressing mit Nüssen

$1/2$ EL Senf
2 EL Apfelessig
2 EL fettfreie Gemüsebrühe
3 EL Olivenöl nativ extra
1 EL gehackte Baumnuss-/Walnusskerne
1 EL Apfelwürfelchen
Meersalz
Pfeffer, frisch gemahlen
fein gehackte Petersilie

Passt zu Blattsalat

Bohnen-Kartoffel-Salat mit Feta

Hauptmahlzeit

250 g zarte grüne Bohnen
250 g fest kochende Kartoffeln
80 g Feta, gewürfelt
1 Zwiebel, gehackt
einige schwarze Oliven, nach Belieben

Sauce
2 EL Weisswein- oder Rotweinessig
1 TL Senf
6–8 EL fettfreie Gemüsebrühe
Kräutermeersalz
Pfeffer, frisch gemahlen
4 EL Olivenöl nativ extra
1 Knoblauchzehe

1
Bei den grünen Bohnen den Stielansatz wegschneiden, eventuell quer halbieren. Die Kartoffeln schälen und klein würfeln. Die grünen Bohnen und die Kartoffeln im Dampf garen, 15 bis 20 Minuten.

2
Die Sauce zubereiten. Die Knoblauchzehe dazupressen.

3
Die noch warmen Kartoffeln und Bohnen mit den Zwiebeln und der Sauce mischen. Den Feta und die Oliven darüber streuen. Nach Belieben mit Kräutern garnieren.

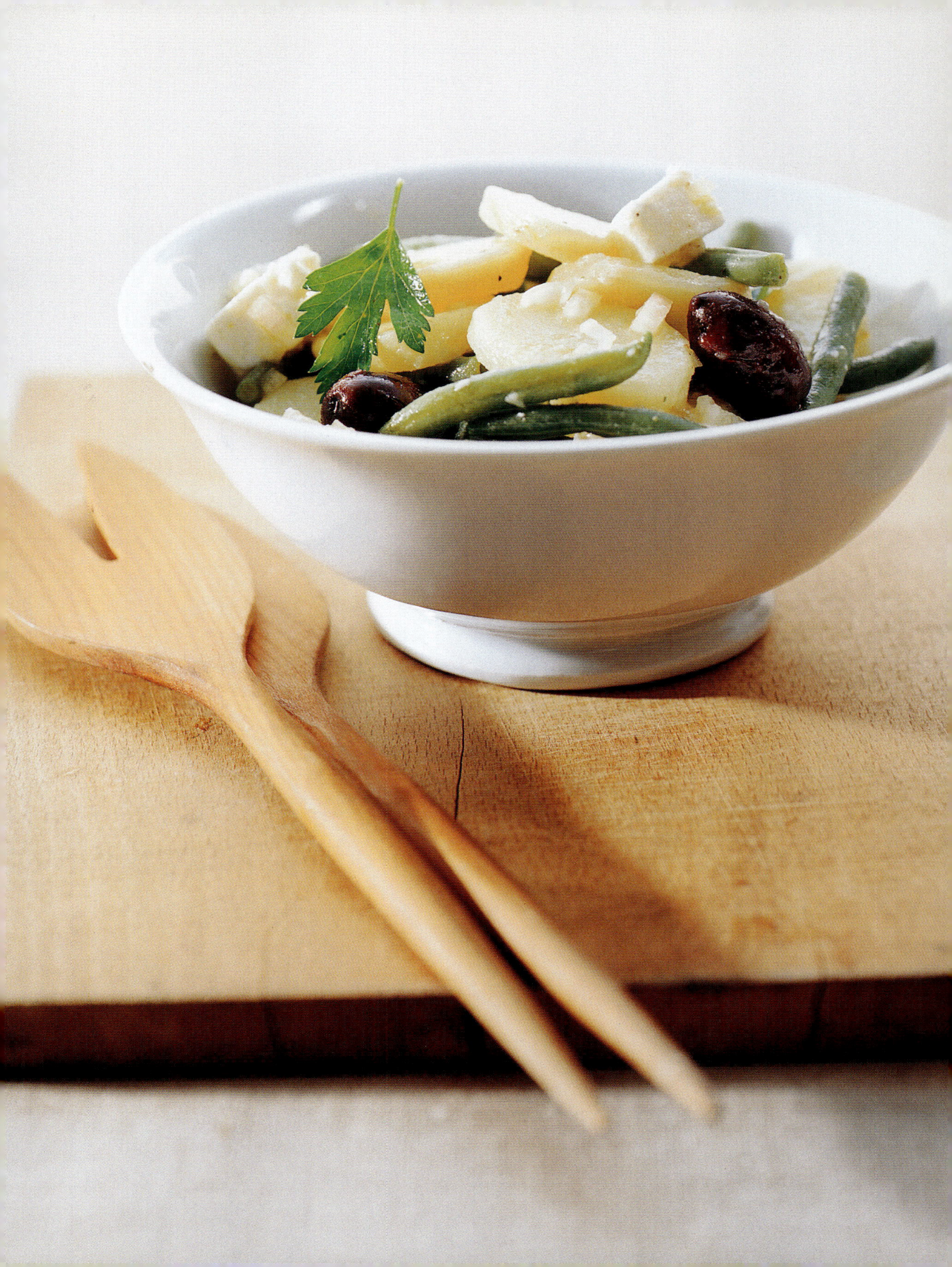

Lauwarmer Gemüsesalat mit Kichererbsen und Krevetten

Hauptmahlzeit

200 g zarte grüne Bohnen oder Kefen/Zuckerschoten
1 Karotte
125 gekochte Kichererbsen, aus der Dose
1 Spross Stangen-/Staudensellerie mit Grün, ca. 100 g
150 g gekochte Krevetten/Garnelen

S a u c e

1 Zitrone, davon Saft
Kräutermeersalz
Pfeffer, frisch gemahlen
4 EL Olivenöl nativ extra
1 Schalotte oder kleine Zwiebel, fein gehackt
1 Knoblauchzehe

1
Bei den grünen Bohnen oder den Kefen den Stielansatz wegschneiden, eventuell quer halbieren. Die Karotte schälen und in dünne Scheiben schneiden und diese halbieren. Den Stangensellerie in feinste Scheiben schneiden, das Grün hacken.

2
Die grünen Bohnen im Dampf knackig garen, 10 bis 12 Minuten. Kefen brauchen 5 bis 7 Minuten. Die Karotten einige Minuten mitgaren. Zuletzt die Kichererbsen zugeben und kurz erwärmen.

3
Die Sauce zubereiten. Schalotten und durchgepresste Knoblauchzehe zugeben.

4
Das noch lauwarme Gemüse und die übrigen Zutaten mit der Sauce mischen.

Bohnen-Tomaten-Salat an Thunfisch-Kapern-Sauce

Hauptmahlzeit

250 g grüne Bohnen
2 Fleischtomaten
1 kleine Zwiebel, in feinen Ringen
einige schwarze Oliven

Sauce

80 g Thunfisch aus der Dose, abgetropft
0,8 dl/80 ml fettfreie Gemüsebrühe
1 EL Zitronensaft
1 EL Rahm/süsse Sahne
3 EL Olivenöl nativ extra
1 EL fein gehackte Kapern
glattblättrige Petersilie, fein gehackt
Meersalz
Pfeffer, frisch gemahlen

1
Bei den grünen Bohnen den Stielansatz wegschneiden, eventuell quer halbieren, im Dampf knackig garen, 10 bis 12 Minuten.

2
Bei den Tomaten den Stielansatz herausschneiden, in Scheiben schneiden.

3
Den Thunfisch fein zerpflücken. Die Gemüsebrühe zugeben, zu einer homogenen Masse rühren. Die restlichen Zutaten unterrühren. Mit Salz und Pfeffer abschmecken.

4
Grüne Bohnen und Tomaten auf Tellern anrichten. Die Zwiebelringe und die Oliven darüber verteilen. Mit der Fischsauce überziehen oder die Sauce separat servieren.

Mahlzeit
Mit Vollkorn-Baguette servieren.

Frischkäse-Peperoni-Mousse

Vorspeise

1 grüne Peperoni/Paprika-schote
1 EL Olivenöl nativ extra
2 EL Frischkäse, ca. 40 g
2 EL gehackte Baumnuss-/Walnusskerne
1 EL gehackte Kräuter
Meersalz
Pfeffer, frisch gemahlen
wenig Zitronensaft

1
Die Peperoni mit dem Kartoffel-/Sparschäler schälen und über Dampf kurz garen, dann in Stücke schneiden.

2
Sämtliche Zutaten zu einer feinen Mousse pürieren, mit Salz, Pfeffer und Zitronensaft abschmecken.

Tipp
Zu geröstetem Brot oder zu Rohkost servieren.

Kräutertomaten

Beilage oder Vorspeise

4 Tomaten
Kräutermeersalz
Pfeffer, frisch gemahlen
2–3 EL fein geriebene Mandeln
2–3 EL fein gehackte Kräuter, je nach Angebot
1–2 EL Olivenöl nativ extra

1
Bei den Tomaten den Stielansatz herausschneiden. Die Früchte in nicht zu dünne Scheiben schneiden. Mit Kräutersalz und Pfeffer würzen.

2
Die geriebenen Mandeln mit den gehackten Kräutern mischen. Die Tomatenscheiben darin wenden.

3
Die Kräutertomaten auf beiden Seiten kurz im heissen Öl braten.

Mahlzeit
Als Vorspeise oder zu Fleisch oder Fisch und mit Reis servieren. Oder auf gerösteten Brotscheiben anrichten.

Abbildung nebenan

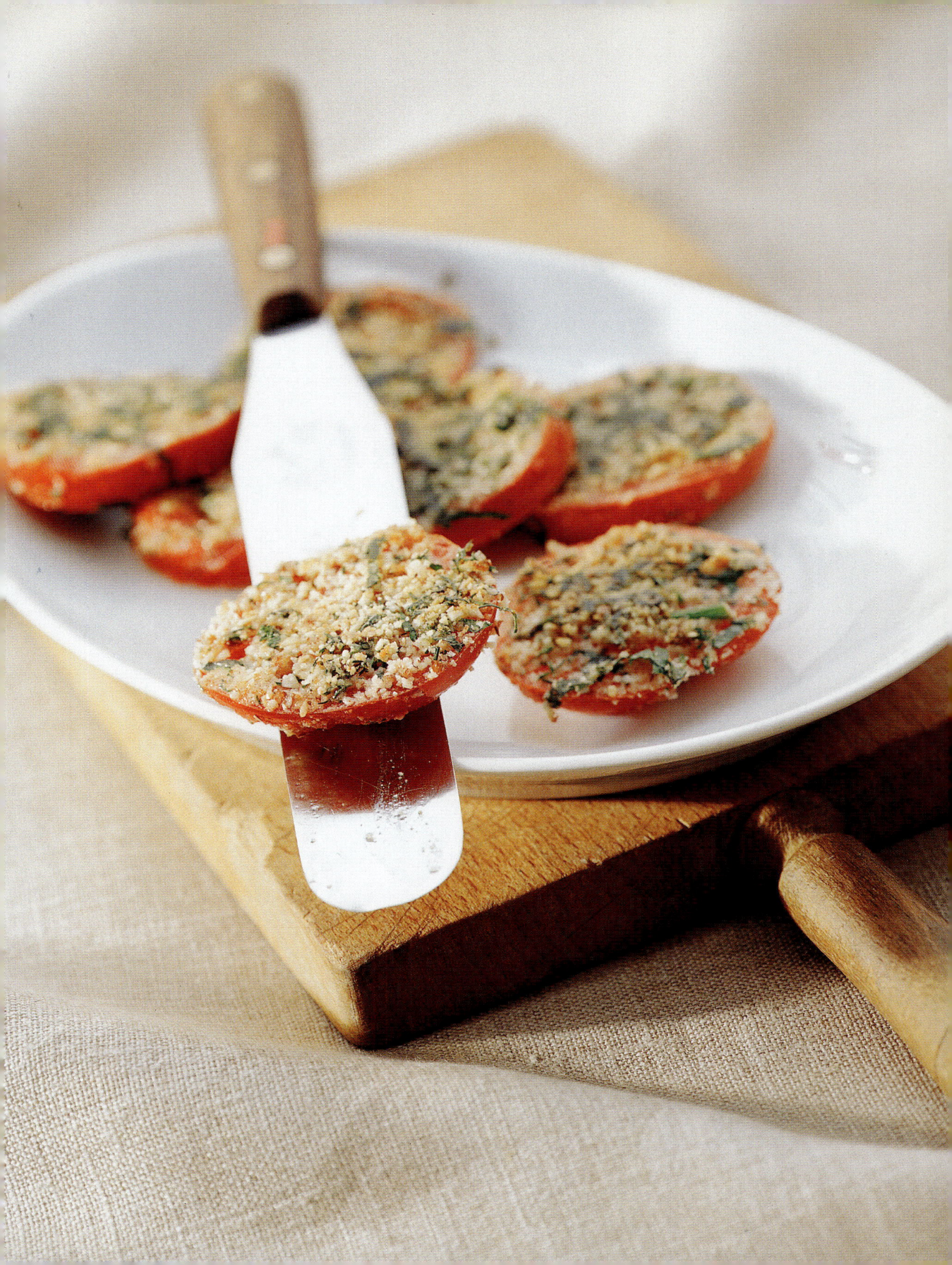

Zucchinicremesuppe mit Basilikum

Hauptmahlzeit

1/2 EL Olivenöl nativ extra
1 Knoblauchzehe, gehackt
2 mittelgrosse Zucchini, 300–400 g
1/2 l fettfreie Gemüsebrühe
1/2 dl/50 g Rahm/süsse Sahne
1/2 Bund Basilikum
1/2 Bund glattblättrige Petersilie

Kräutermeersalz
Pfeffer, frisch gemahlen
1 unbehandelte Zitrone, davon wenig abgeriebene Schale
Dill für die Garnitur
wenig Limonenöl, nach Belieben

1
Die Zucchini beidseitig kappen, mit der Schale auf der Röstiraffel grob raspeln oder klein würfeln. Das Basilikum in Streifen schneiden, die Petersilie hacken.

2
Den Knoblauch zusammen mit den Zucchini im Öl andünsten. Mit der Gemüsebrühe aufgiessen, aufkochen und bei schwacher Hitze 10 Minuten köcheln lassen. Die Suppe mit Rahm, Basilikum und Petersilie pürieren.

3
Die Suppe nochmals erhitzen, mit Kräutersalz, Pfeffer und Zitronenschalen abschmecken. Anrichten. Mit Dill garnieren. Nach Belieben mit Limonenöl beträufeln.

Variante
Zucchini durch geschälte, entkernte Gurken ersetzen.

Mahlzeit
Mit einem bunten Salat (Rohkost oder Blattsalat) und Vollkornbrot servieren.

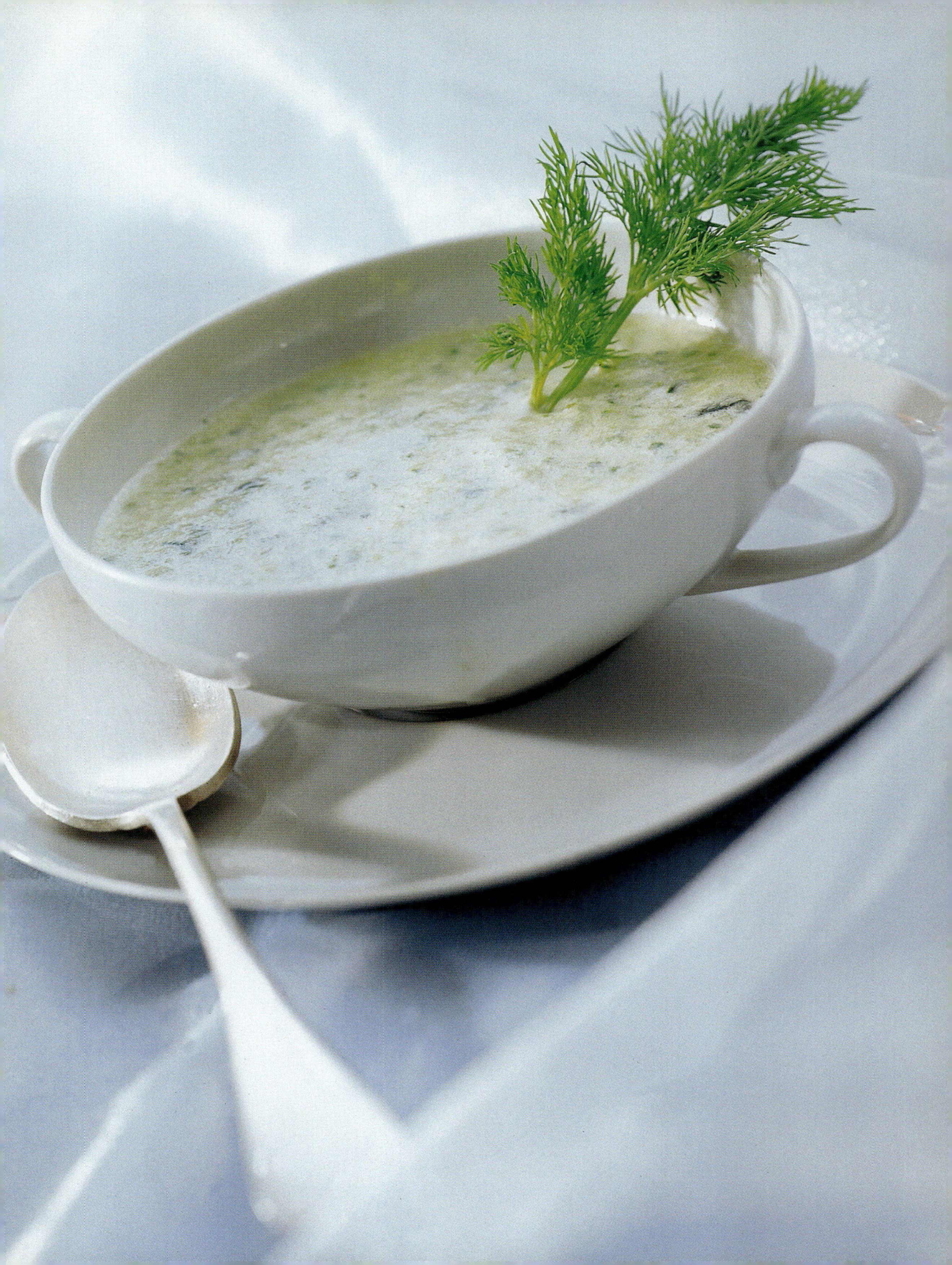

Tomaten mit Roquefort-Spinat-Füllung

Hauptmahlzeit

4 sonnengereifte Tomaten

Füllung
1 EL Olivenöl nativ extra
1 kleine Zwiebel, fein gehackt
1 Knoblauchzehe, durchgepresst
200 g Blattspinat

Pfeffer, frisch gemahlen
Kräutermeersalz
100 g Roquefort oder Feta, klein gewürfelt
1 EL fein geschnittenes Basilikum
2–3 EL geriebener Käse, z. B. Pecorino

1
Den Backofen auf 180 °C vorheizen.
2
Die Tomaten quer halbieren und mit einem Grapefruitmesser oder einem kleinen Löffel aushöhlen. Das Fleisch für eine Sauce oder Suppe verwenden. Die Tomatenhälften in eine geölte Gratinform stellen.
3
Zwiebeln und Knoblauch im Öl andünsten. Den Spinat zugeben und zusammenfallen lassen. Mit Kräutersalz und Pfeffer abschmecken. Auf einem Sieb abtropfen lassen, dann fein hacken. Die Käsewürfelchen und das Basilikum untermischen. Die Masse in die Tomatenhälften füllen. Mit dem Käse bestreuen.
4
Die gefüllten Tomaten im vorgeheizten Backofen bei 180 °C 15 bis 20 Minuten überbacken.

Mahlzeit
Mit Bratkartoffeln, Seite 40, servieren.

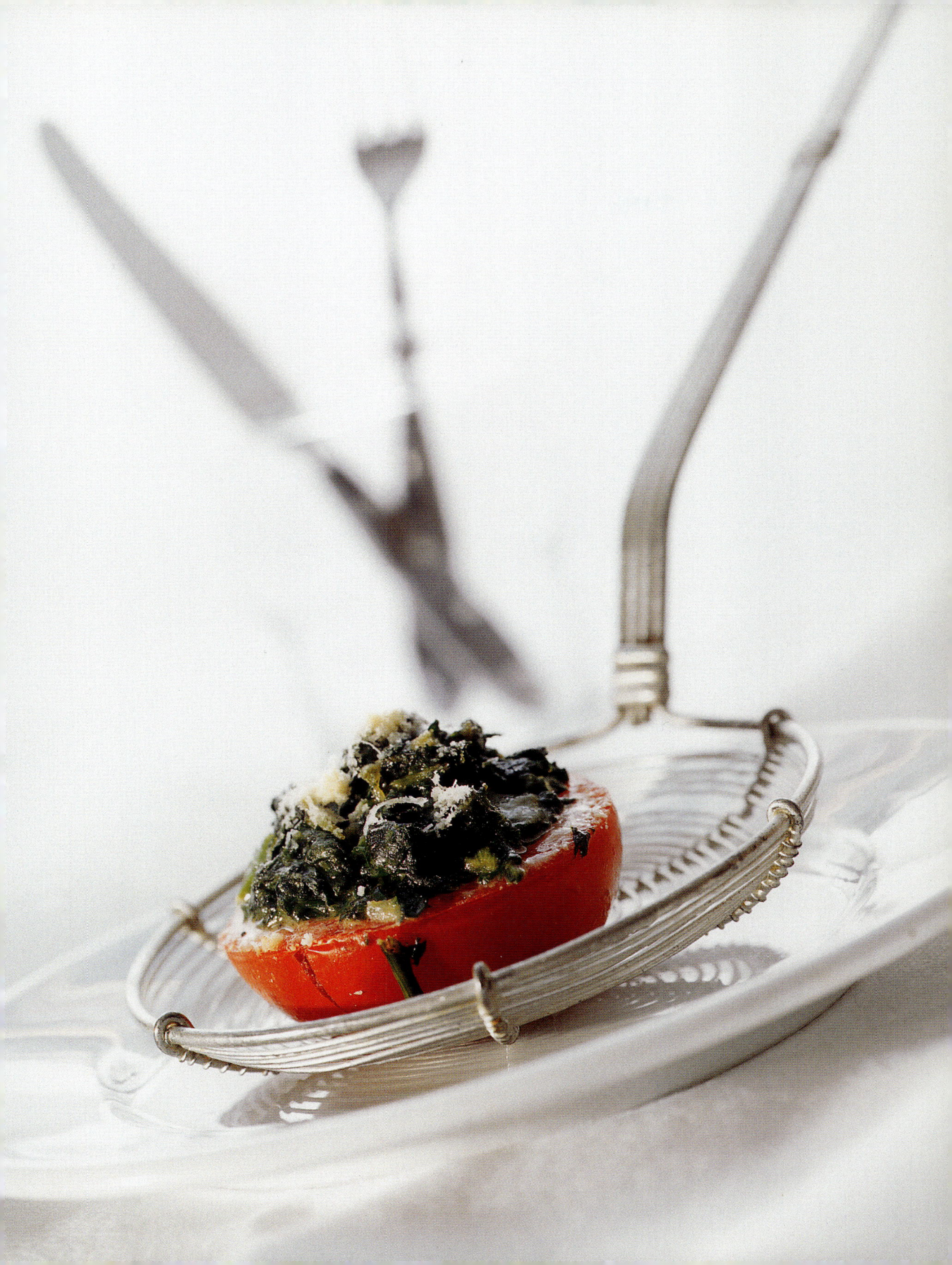

Zucchini alla Parmigiana

Hauptmahlzeit

2 Knoblauchzehen,
fein gehackt
500 g Tomaten oder
400 g Pelati
½ Bund frisches Basilikum
frischer Thymian oder
Provencekräuter
Kräutermeersalz
Pfeffer, frisch gemahlen

1 TL Olivenöl nativ extra
400 g Zucchini
50 g geriebener Parmesan
oder Pecorino

1
Bei den Tomaten die Spitze kreuzweise einschneiden, in einem Schaumlöffel in kochendes Wasser tauchen, bis sich die Haut löst, unter kaltem Wasser abschrecken. Die Früchte schälen und den Stielansatz herausschneiden. Die Tomaten hacken.

2
Die Tomaten zusammen mit dem Knoblauch unter häufigem Rühren weich garen, 5 bis 7 Minuten. Die Kräuter fein schneiden respektive hacken und unterrühren. Mit Kräutersalz und Pfeffer würzen.

3
Die Zucchini beidseitig kappen, in etwa 5 mm dicke Scheiben schneiden. Die Zucchinischeiben im Öl in einer beschichteten Bratpfanne knusprig braten, würzen.

4
Den Backofen auf 180 °C vorheizen.

5
Eine Gratinform mit Öl einpinseln. Den Boden mit Tomatensauce ausgiessen. Darauf eine Lage Zucchinischeiben legen, diese mit Tomatensauce bedecken, mit einer Lage Zucchinischeiben abschliessen. Den Parmesan darüber streuen.

6
Zucchini im vorgeheizten Ofen bei 180 °C ca. 25 Minuten backen.

Mahlzeit
Mit Naturreis, Seite 124, oder Nudeln oder im Dampf gegarten Kartoffeln servieren.

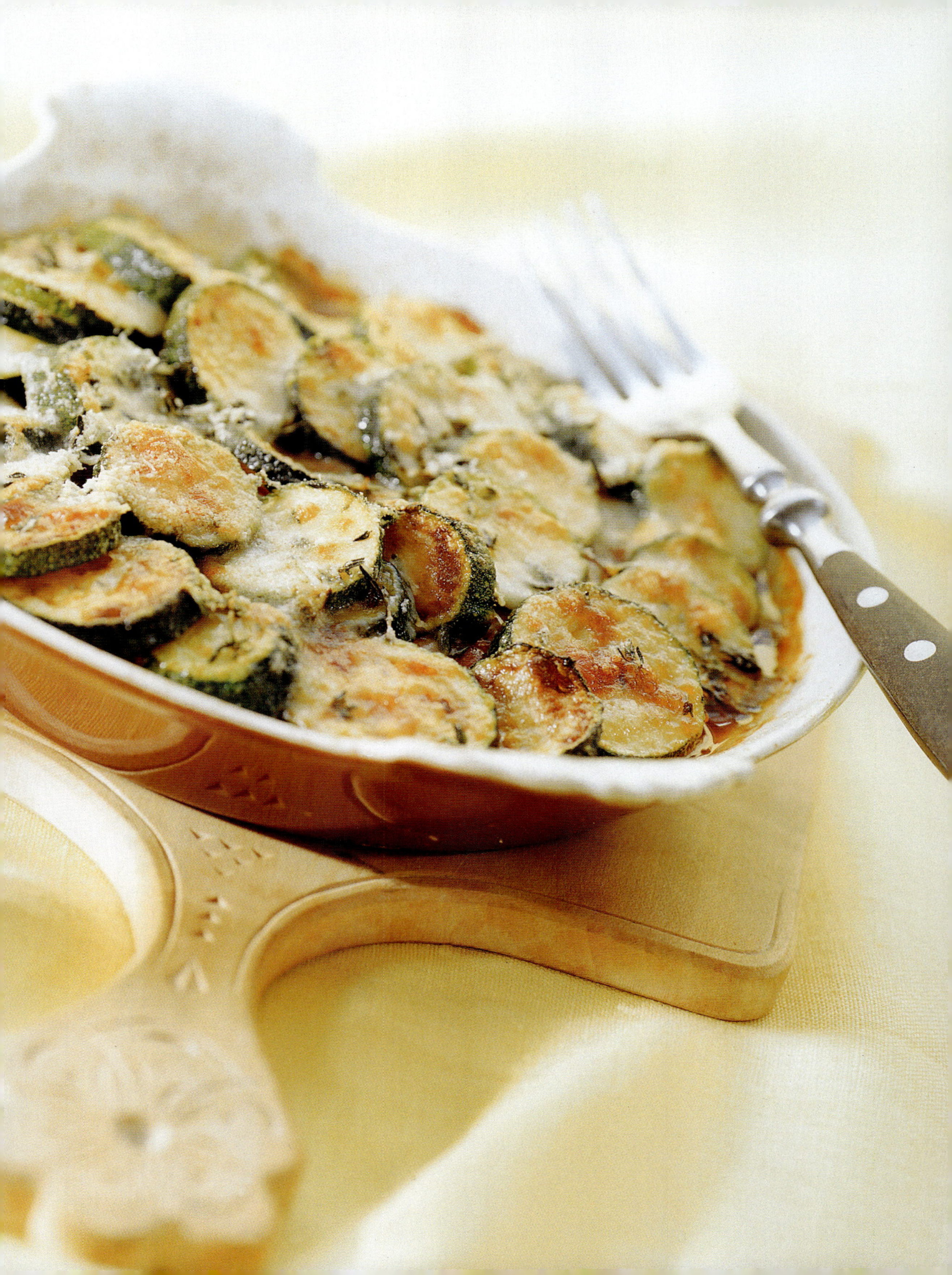

Mexikanische Peperoni-Mais-Pfanne

Hauptmahlzeit

1 EL Olivenöl nativ extra
1 Zwiebel, gehackt
2 Knoblauchzehen, gehackt
2 grüne Peperoni/Paprikaschoten, gewürfelt
1/2 kleiner roter Peperoncino/Pfefferschote, nach Belieben
1/2 TL mittelscharfer Curry
125 g Maiskörner aus der Dose
3 reife Tomaten oder
1 kleine Dose Pelati
1 Zitronengrasstängel, nach Belieben
2 dl/200 ml Gemüsebrühe
2 Hand voll Spinat, 100 g
Kräutermeersalz
Pfeffer, frisch gemahlen

1
Die Peperoni halbieren und den Stielansatz entfernen, die Früchte entkernen, die Fruchhälften in Quadrate schneiden. Die Chilischote in feine Streifen schneiden. Bei den Tomaten den Stielansatz herausschneiden, die Früchte längs vierteln.

2
Zwiebeln, Knoblauch, Peperoni und Peperoncini im Olivenöl unter Rühren 5 Minuten dünsten. Curry darüber streuen. Maiskörner, Tomaten und Zitronengras zugeben, die Gemüsebrühe angiessen, bei mittlerer Hitze 8 bis 10 Minuten köcheln lassen. Das Zitronengras entfernen. Kurz vor Ende der Garzeit den gewaschenen Spinat zugeben und zusammenfallen lassen. Mit Kräutermeersalz und Pfeffer abschmecken.

Serviervorschlag
Mit Streifen von kurz gebratenem Poulet-/Hähnchenfleisch oder Lamm oder Fischfilet, pro Person 100 g, kombinieren. Oder mit Fetakäse kombinieren, pro Person 50 g, den man über das fertige Gericht verteilt.

Mahlzeit
Nach Belieben mit Naturreis, Seite 124, oder Nudeln servieren.

Peperoni-Tofu-Spiess mit Zwiebeln

Hauptmahlzeit

für 4 Spiesse

2 kleine Peperoni/Paprikaschoten
200 g Tofu, evtl. schon gewürzt
Sojasauce
Kräutermeersalz
Pfeffer, frisch gemahlen
4 kleine Zwiebeln, halbiert oder geviertelt
16–20 frische Lorbeer- oder Salbeiblätter
Kräutermeersalz
1 TL getrocknete Provencekräuter
$1/2$ Zitrone, davon Saft
2 EL Olivenöl nativ extra

1. Den Tofu in Würfel schneiden und mit Sojasauce, Kräutersalz und Pfeffer gut würzen. 30 Minuten marinieren.
2. Die Peperoni halbieren und den Stielansatz entfernen, entkernen. Die Fruchthälften in 3 cm grosse Quadrate schneiden.
3. Den Backofen auf 220 °C vorheizen.
4. Tofu, Peperoni, Zwiebeln und Lorbeer- oder Salbeiblätter abwechslungsweise auf die Spiesse stecken. In eine mit Backpapier belegte Form legen. Spiesse mit Sojasauce, Salz, Pfeffer, Kräutern, Zitronensaft und Öl würzen.
5. Die Spiesse im vorgeheizten Ofen bei 220 °C 30 bis 35 Minuten backen.

Mahlzeit

Mit Salat und eventuell Naturreis, Seite 124, oder Sesamkartoffeln, Seite 40, kombinieren, je nach Appetit.

Inhaltsstoffe

Reich an Faserstoffen und Antioxidantien.

Lammspiess mit Tzaziki

Hauptmahlzeit

2 EL Olivenöl nativ extra
300 g Lammfilet
10 frische Lorbeerblätter
100 g kleine Zwiebeln

Marinade
1 Zitrone, Saft
1/2 dl/50 ml trockener Weisswein
2 EL Olivenöl nativ extra
1/2 Bund Thymian, Blättchen abgestreift
Kräutermeersalz
Pfeffer, frisch gemahlen

Gurkenjogurt
1/2 Salatgurke oder
1 kleine Nostranogurke, geschält und grob geraffelt (Röstiraffel)
250 g Jogurt natur
1–2 Knoblauchzehen, durchgepresst, nach Belieben
1 EL gehackter Dill und etwas frische Pfefferminze
1 EL Olivenöl nativ extra
Meersalz

1
Das Lammfleisch in 3 cm grosse Würfel schneiden oder vom Metzger schneiden lassen. Die Fleischwürfel mit der Marinade vermengen, 1 Stunde zugedeckt marinieren. Das Fleisch gut abtropfen lassen.

2
Fleischwürfel, Lorbeerblätter und Zwiebeln (eventuell halbieren) auf Spiesse stecken.

3
Fleischspiesse in einer Bratpfanne im Öl rundum braten.

4
Gurke schälen, auf der Röstiraffel raspeln, mit Jogurt, Knoblauch, Kräutern und Olivenöl vermengen. Mit Salz würzen.

Variante
Für den Spiess eignen sich auch Rinderfleisch und Pouletfleisch.

Mahlzeit
Mit Naturreis, Seite 124, oder Bratkartoffeln kombinieren.

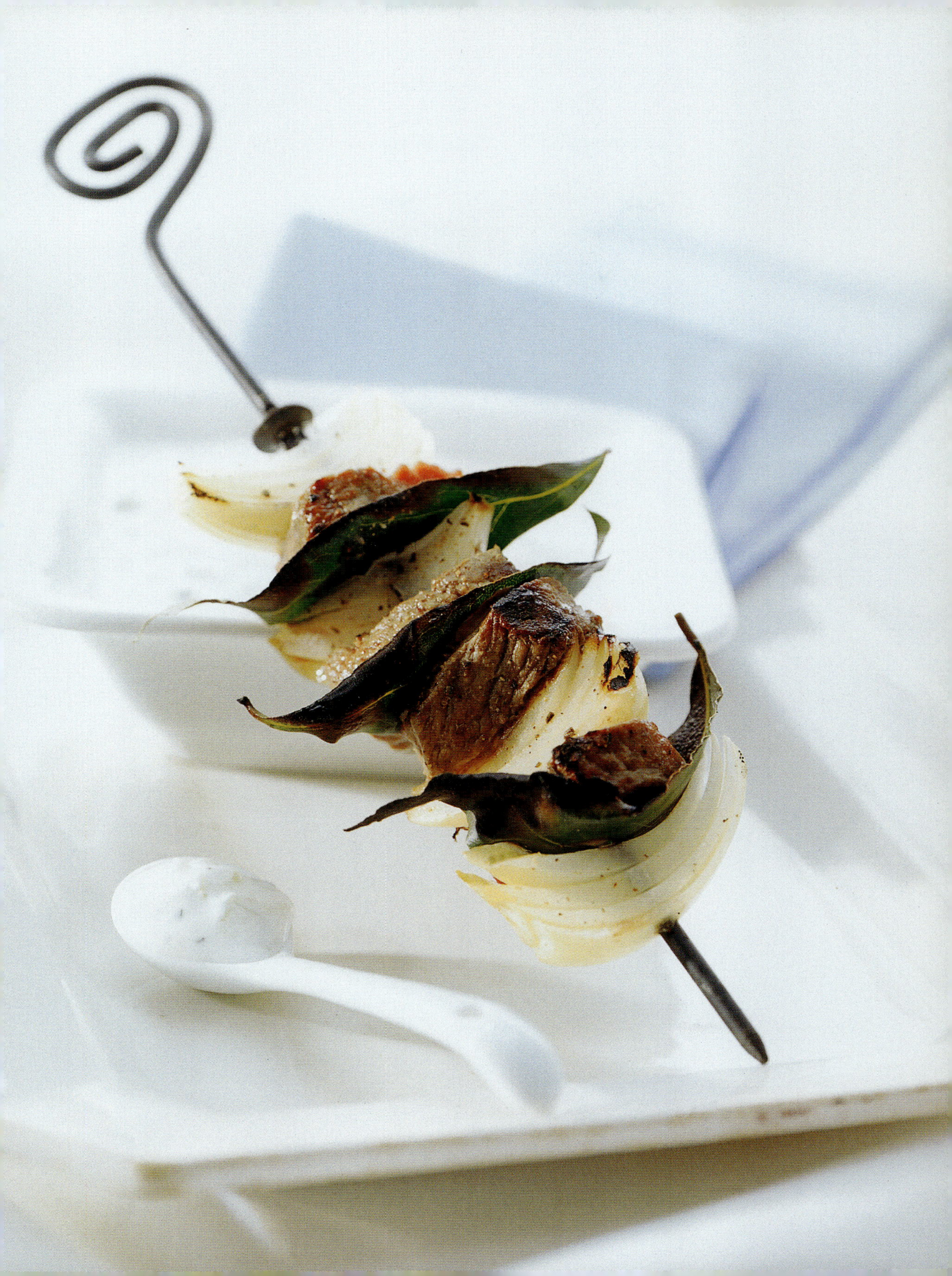

Meeresfrüchtesalat mit Rucola

Hauptmahlzeit

300–400 g gemischte Meeresfrüchte und frischer Fisch, z. B. Thunfisch, Krevetten/Garnelen, Muscheln, Kalamares, je nach Marktangebot
2 feste Tomaten
1 grüne Peperoni/Paprikaschote
1 Bund Rucola
10 schwarze Oliven

Marinade
ca. 1 1/2 EL Zitronensaft
Kräutermeersalz
Pfeffer, frisch gemahlen
3–4 EL Olivenöl nativ extra
1 Knoblauchzehe, durchgepresst

1
Die Meeresfrüchte und den Fisch im Dampf 3 bis 4 Minuten garen oder in wenig Olivenöl kurz braten. Oder beim Fischhändler schon fertige Meeresfrüchte kaufen.

2
Bei den Tomaten den Stielansatz entfernen, in Schnitze schneiden. Die Peperoni halbieren, entkernen und den Stielansatz entfernen, in 1 cm grosse Quadrate schneiden. Die Rucola in Streifchen schneiden.

3
Die Marinade zubereiten.

4
Fisch, Meeresfrüchte, Tomaten und Peperoni mit der Marinade vermengen, 15 Minuten durchziehen lassen. Mit der Rucola und den Oliven garnieren.

Mahlzeit
Mit gerösteten Brotscheiben/Toast servieren.

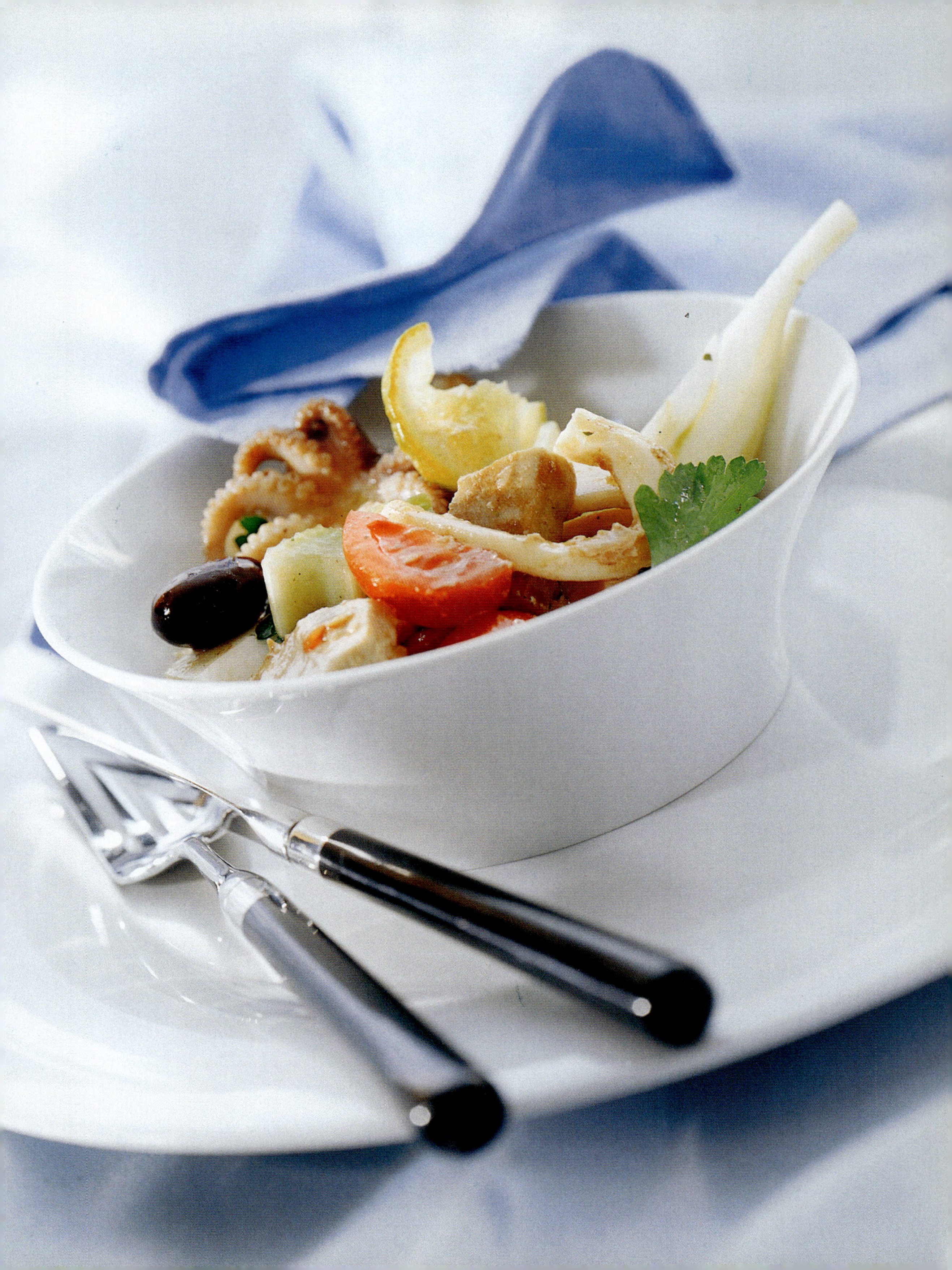

Schnelle Zucchinipuffer mit Pfefferminze

Hauptmahlzeit

200 g Zucchini
1 kleine Zwiebel, fein gehackt
200 g Kartoffeln
1 Ei
1 EL Vollkornmehl
2 EL fein geschnittener Schnittlauch
4–6 Pfefferminzblättchen, fein geschnitten
Pfeffer, Meersalz
Olivenöl nativ extra, zum Braten

1
Die Zucchini beidseitig kappen, auf der Röstiraffel raspeln. Die Kartoffeln schälen und ebenfalls auf der Röstiraffel raspeln. Sämtliche Zutaten miteinander vermengen, pikant würzen.

2
In einer beschichteten Bratpfanne wenig Öl erhitzen. Die Zucchinimasse mit einem Esslöffel portionieren, d. h. Klösse abstechen, beidseitig bei kleiner Hitze braten, je 6 Minuten.

Mahlzeit
Mit Salat servieren. Die Puffer schmecken auch kalt.

Zucchini-Lachs-Röllchen

Hauptmahlzeit

2 mittelgrosse Zucchini, ca. 200 g
2 EL Olivenöl nativ extra
Kräutermeersalz
ca. 100 g Räucherlachs, in Scheiben
frischer Dill
1 unbehandelte Zitrone, halbiert oder geviertelt

Abbildung nebenan

1
Die Zucchini beidseitig kappen. Der Länge nach in feinste Scheiben schneiden; das geht am besten mit einem Gemüsehobel oder mit einer Brotschneidemaschine. Das Öl in einer beschichteten Bratpfanne erhitzen. Die Zucchinischeiben darin kurz goldgelb braten, etwa 4 Minuten; sie sollen noch etwas Biss haben. Auf Küchenpapier abtropfen und auskühlen lassen, leicht salzen.

2
Den Räucherlachs auf die Zucchinischeiben verteilen, aufrollen. Die Röllchen mit einem Zahnstocher fixieren, Dill und Zitronenscheibe mit aufspiessen.

Mahlzeit
Mit einem Salat und Toastbrot/Baguette.

Inhaltsstoffe
Reich an Omega-3-Fettsäuren.

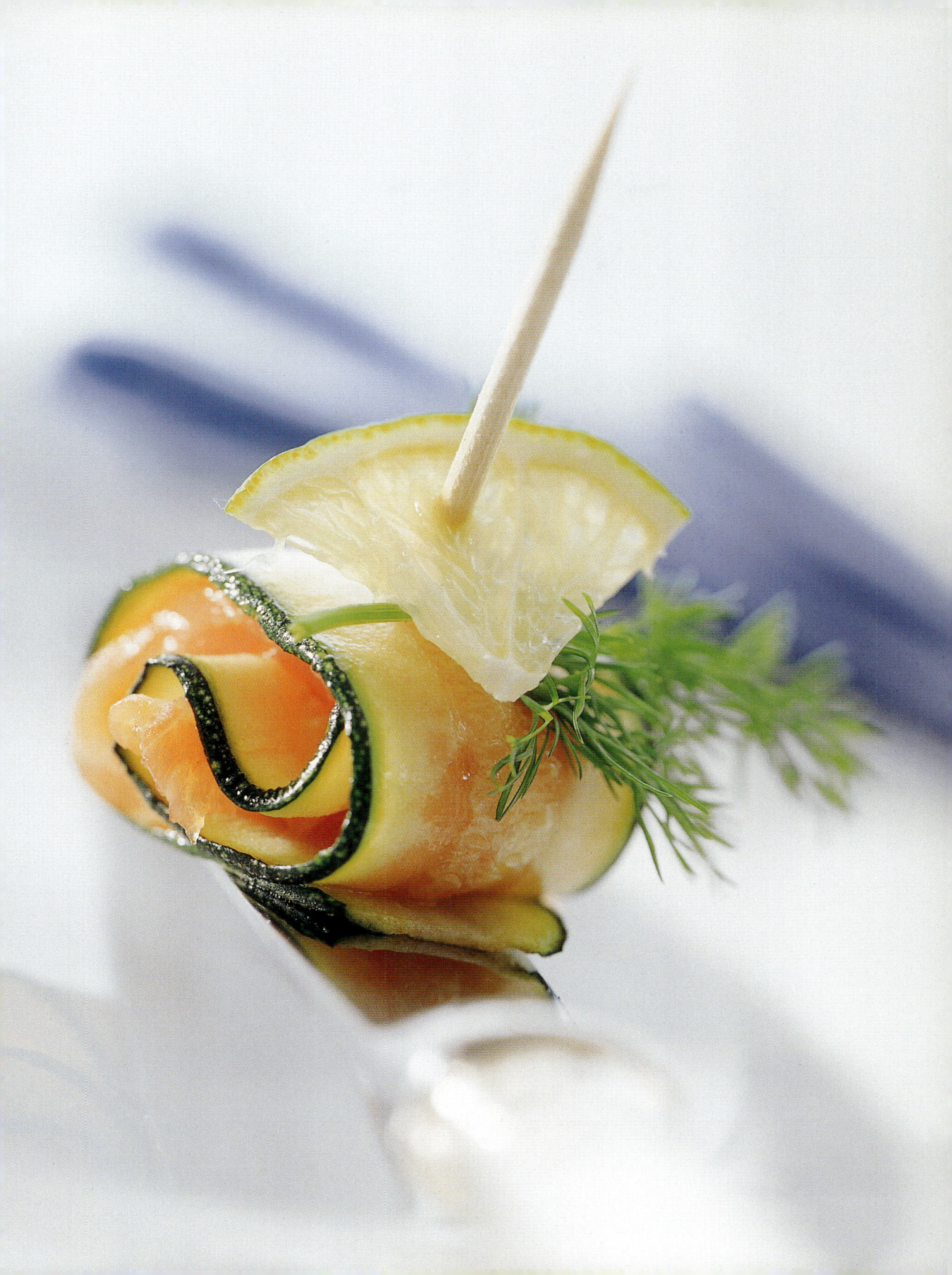

Schnelles Himbeereis

300 g tiefgekühlte, angetaute Himbeeren

2 EL flüssiger Rahm/ süsse Sahne
2 EL Jogurt natur
1 EL Akazienhonig

1 Angetaute Himbeeren mit den übrigen Zutaten kurz mixen. Sofort servieren. Nicht mehr tiefkühlen, da die Masse zu fest wird.

Erdbeer-Kiwi-Salat

200–250 g Erdbeeren
2 Kiwis
1 EL geröstete Mandelstifte
Rosen- oder Borretschblütenblätter, für die Garnitur

Marinade
1 EL Zitronensaft
1 EL Akazienhonig
1 Prise Vanillepulver
1 Prise Zimtpulver
1 EL Grand Marnier, nach Belieben

1 Die Erdbeeren in Scheiben schneiden. Die Kiwis schälen und ebenfalls in Scheiben schneiden.

2 Erdbeeren und Kiwis fächerartig auf zwei Tellern anrichten. Die Marinade darüber träufeln. Mit den Mandelstiften bestreuen und den Blütenblättern garnieren.

Fruchtcocktail mit Jogurt und Nüssen

100 g Himbeeren
100 g Brombeeren
100 g Johannisbeeren
1 Pfirsich

wenig Zitronensaft
1–2 EL Ahornsirup,
je nach Süsse der Früchte
100 g Jogurt natur
1 EL Ahornsirup
1 EL gehackte Baumnuss-/
Walnusskerne
Pfefferminze,
für die Garnitur

1
Den Pfirsich halbieren und entsteinen, das Fruchtfleisch würfeln.

2
Beeren, Pfirsiche, Zitronensaft und Ahornsirup mischen. In Gläser füllen.

3
Den Jogurt mit dem Ahornsirup verrühren, über die Früchte verteilen. Mit den gehackten Nüssen bestreuen. Mit der Pfefferminze garnieren.

herbst

Herbstrezepte – Nährwerte

Seite/Rezept	kcal	kj	Fett total	Anteil muF	KH	EW	NF	Na
88 Basilikum-Käsecreme-Brotaufstrich	135	565	12,9 g	0,6 g	3,0 g	14,1 g	0,2 g	479,2 mg
88 Rohkoststängel mit Bündner Fleisch	145	607	4,9 g	0,1 g	37,0 g	21,5 g	1,2 g	1082,0 mg
90 Mais-Avocado-Salat mit Oliven u. Feta	544	2284	59,7 g	5,8 g	69,2 g	20,8 g	16,6 g	1333,7 mg
92 Linsen-Kürbis-Suppe mit Curry	265	1109	8,5 g	1,0 g	32,9 g	12,9 g	8,7 g	1201,3 mg
92 Brokkolisuppe	178	745	8,5 g	1,1 g	11,2 g	12,3 g	10,7 g	806,5 mg
94 Kartoffel-Kürbis-Püree	236	987	7,0 g	0,9 g	36,4 g	2,0 g	3,3 g	186,1 mg
94 Blumenkohl-Brokkoli-Curry mit Cashewnüssen	166	695	8,1 g	1,1 g	12,0 g	10,4 g	9,9 g	504,8 mg
96 Gemüsespiess nach Florentiner Art	383	1603	28,6 g	3,1 g	13,7 g	14,9 g	9,3 g	846,0 mg
98 Karoffelpfanne provençale	296	1239	16,2 g	1,4 g	30,0 g	5,6 g	8,9 g	1362,2 mg
99 Zucchini mit Pilz-Käse-Füllung	204	854	14,7 g	0,9 g	5,7 g	11,6 g	3,0 g	1210,0 mg
100 Nudeln mit Tomaten-Ingwer-Zwiebel-Sugo	497	2079	11,7 g	1,3 g	82,5 g	15,0 g	2,6 g	191,7 mg
102 Karottensoufflé	212	887	11,9 g	1,3 g	12,7 g	12,7 g	7,1 g	776,5 mg
104 Gemüsecurry mit Bohnen und Kürbis	255	1067	6,1 g	1,1 g	37,7 g	8,5 g	10,0 g	858,6 mg
106 Zucchini mit Hackfleischfüllung	288	1205	19,0 g	0,7 g	3,5 g	25,5 g	1,3 g	1610,0 mg
108 Lammfilet auf Fenchelgemüse mit Oliven	237	991	11,7 g	0,9 g	3,8 g	28,9 g	5,6 g	924,0 mg
109 Ratatouille mit gebratenem Seeteufel	302	1264	9,6 g	1,0 g	10,8 g	39,0 g	3,5 g	779,6 mg
110 Felchenfilets auf Gemüse	339	1418	19,3 g	3,3 g	3,0 g	38,4 g	1,7 g	352,7 mg
112 Ananas mit Kokos und Schokospänen	170	711	8,0 g	0,1 g	22,1 g	1,6 g	4,7 g	9,8 mg
112 Marinierte Orangenfilets mit Feigen	84	351	3,0 g	0,1 g	15,6 g	2,0 g	1,5 g	1,5 mg

Die berechneten Werte sind für **eine Portion**

kcal	Kilokalorien
kj	Kilojoule
muF	mehrfach ungesättigte Fettsäuren
KH	Kohlenhydrate
EW	Eiweiss
NF	Nahrungsfasern
Na	Natrium

Basilikum-Käsecreme-Brotaufstrich

125 g Magerquark
50 g Roquefort
1 EL Olivenöl nativ extra
einige Tropfen Zitronensaft
8 Basilikumblätter oder
1/2 Bund Petersilie
Pfeffer, frisch gemahlen

1
Magerquark, zerbröckelten Roquefort, Öl und Zitronensaft glatt rühren.

2
Die Basilikumblätter fein schneiden oder die Petersilie fein hacken, unter die Käsecreme rühren. Oder alle Zutaten pürieren.

Mahlzeit
Als Brotaufstrich oder zu Gemüsestängelchen oder zu gekochten Schalenkartoffeln/Geschwellti servieren.

Rohkoststängel mit Bünder Fleisch

Vorspeise oder Snack

rohes Gemüse wie Zucchini, Fenchel, Karotten, Stangen-/Staudensellerie, fruchtiger Kürbis, Kohlrabi, Radieschen, Rettich

100 g Bündner Fleisch oder Rohschinken

Abbildung nebenan

1
Das Gemüse putzen/schälen und in Stängelchen schneiden. Mit dem Bündner Fleisch umwickeln. Je nach Verfügbarkeit und Jahreszeit mit Kräutern garnieren. Mit Pfeffer würzen und mit einigen Tropfen Olivenöl nativ extra oder Limonenöl beträufeln.

Variante
Das Gemüse mit dünnen Scheiben von rohem Schwertfisch oder Thunfisch oder Räucherlachs umwickeln.

Mahlzeit
Mit einer Suppe, z. B. der Zucchinicremesuppe, Seite 70, servieren.

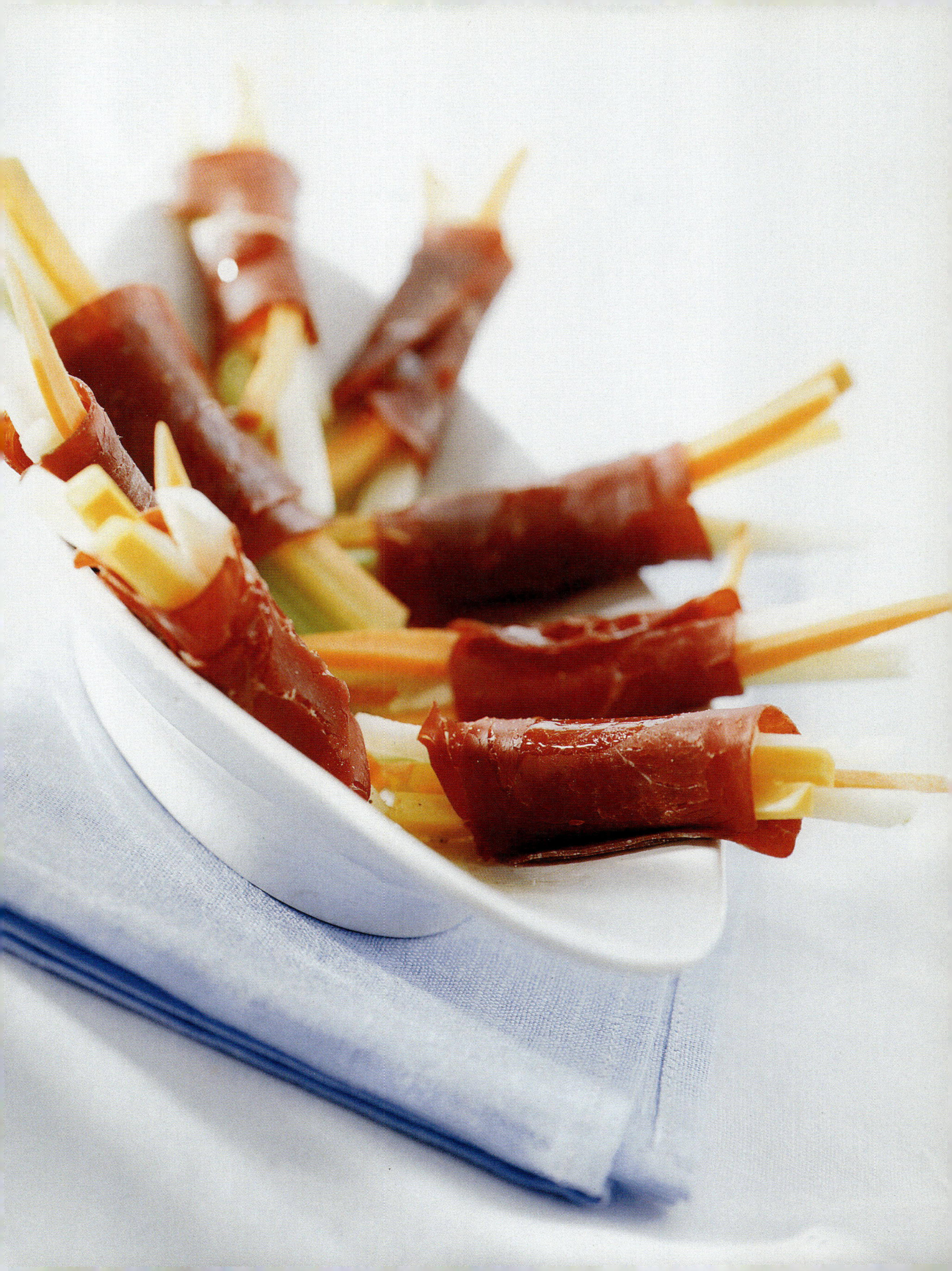

Mais-Avocado-Salat mit Oliven und Feta

Hauptmahlzeit

200 g Maiskörner aus der
Dose, abgetropft
1 reife Avocado
10 schwarze Oliven
1 kleine Zwiebel, fein
gehackt, nach Belieben
glattblättrige Petersilie oder
Rucola
100 g Feta, gewürfelt

Sauce

$1/2$ Zitrone, davon Saft
1 TL weisser Balsamico-Essig
oder Weissweinessig
Kräutermeersalz
Pfeffer, frisch gemahlen
3–4 EL Olivenöl nativ extra

1
Die Sauce zubereiten.
2
Die Avocado schälen, halbieren und entsteinen, in Würfelchen schneiden.
3
Sämtliche Zutaten sorgfältig mit der Sauce vermengen.

Mahlzeit
Mit Vollkornbrot servieren.

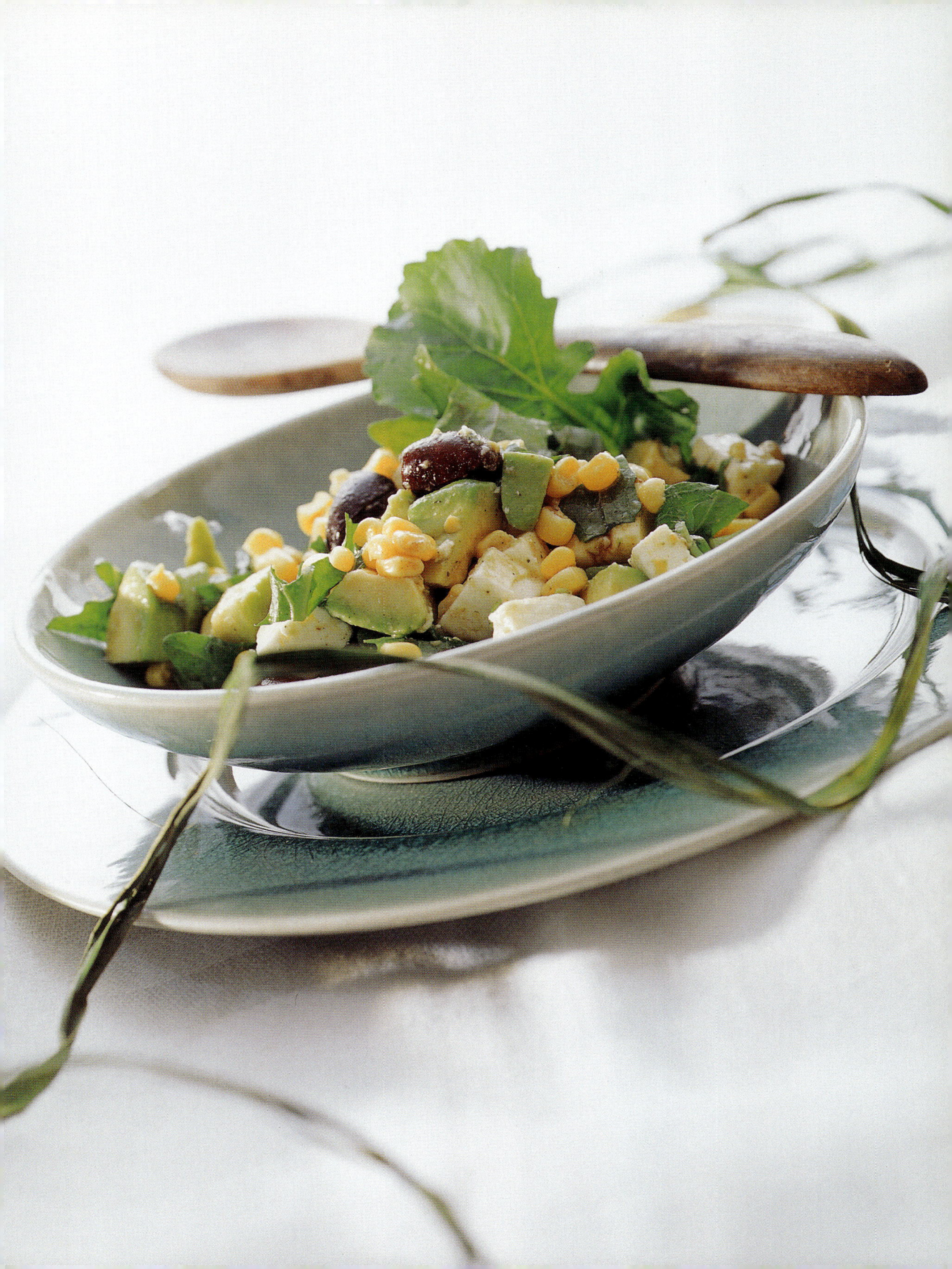

Linsen-Kürbis-Suppe mit Curry

Hauptmahlzeit

1 EL Olivenöl nativ extra
1 kleine Zwiebel, fein gehackt
1 Knoblauchzehe
80 g rote Linsen
300 g Kürbisfleisch, gewürfelt
1 TL mittelscharfer Curry
8 dl/800 ml fettfreie Gemüsebrühe
Pfeffer, Kräutermeersalz
1 dl/100 ml Kokosmilch, nach Belieben
1 EL fein gehackte Petersilie
einige Tropfen Mandarinenöl

1
Die Zwiebeln und die durchgepresste Knoblauchzehe im Öl andünsten. Die Linsen und den Kürbis beifügen und kurz mitdünsten. Curry darüber streuen. Mit der Gemüsebrühe aufgiessen, aufkochen und bei schwacher Hitze rund 20 Minuten köcheln lassen. Die Suppe pürieren.

2
Die Linsen-Kürbis-Suppe nochmals aufkochen, nach Belieben würzen. Die Kokosmilch unterrühren. Die Petersilie darüber streuen. Mit dem Mandarinenöl beträufeln.

Mahlzeit
Mit einem bunten Blattsalat und mit Brot servieren.

Abbildung nebenan

Brokkolisuppe

Hauptmahlzeit

1 EL Olivenöl nativ extra
1 kleine Zwiebel, fein gehackt
1 Knoblauchzehe
600 g Brokkoli, mit Strunk und Blättern
6 dl/600 ml fettfreie Gemüsebrühe
Pfeffer, frisch gemahlen
1 Prise Ingwerpulver oder
1 Msp frisch geriebener Ingwer
1 EL trocken geröstete Mandelblättchen

1
Brokkoliblume abschneiden und in Röschen brechen. Strunk schälen und würfeln. Die Blätter in Streifen schneiden.

2
Zwiebeln, durchgepressten Knoblauch und Brokkoli im Öl andünsten. Mit der Gemüsebrühe aufgiessen, aufkochen, bei schwacher Hitze 15 Minuten köcheln lassen. Pürieren.

3
Die Brokkolisuppe aufkochen, mit Pfeffer und Ingwer abschmecken. Die Mandelblättchen darüber streuen.

Mahlzeit
Mit einem bunten Blattsalat und mit Brot servieren.

Inhaltsstoffe
Brokkoli und Mandeln sind reich an Kalzium. Brokkoli enthält zudem viele Antioxidantien.

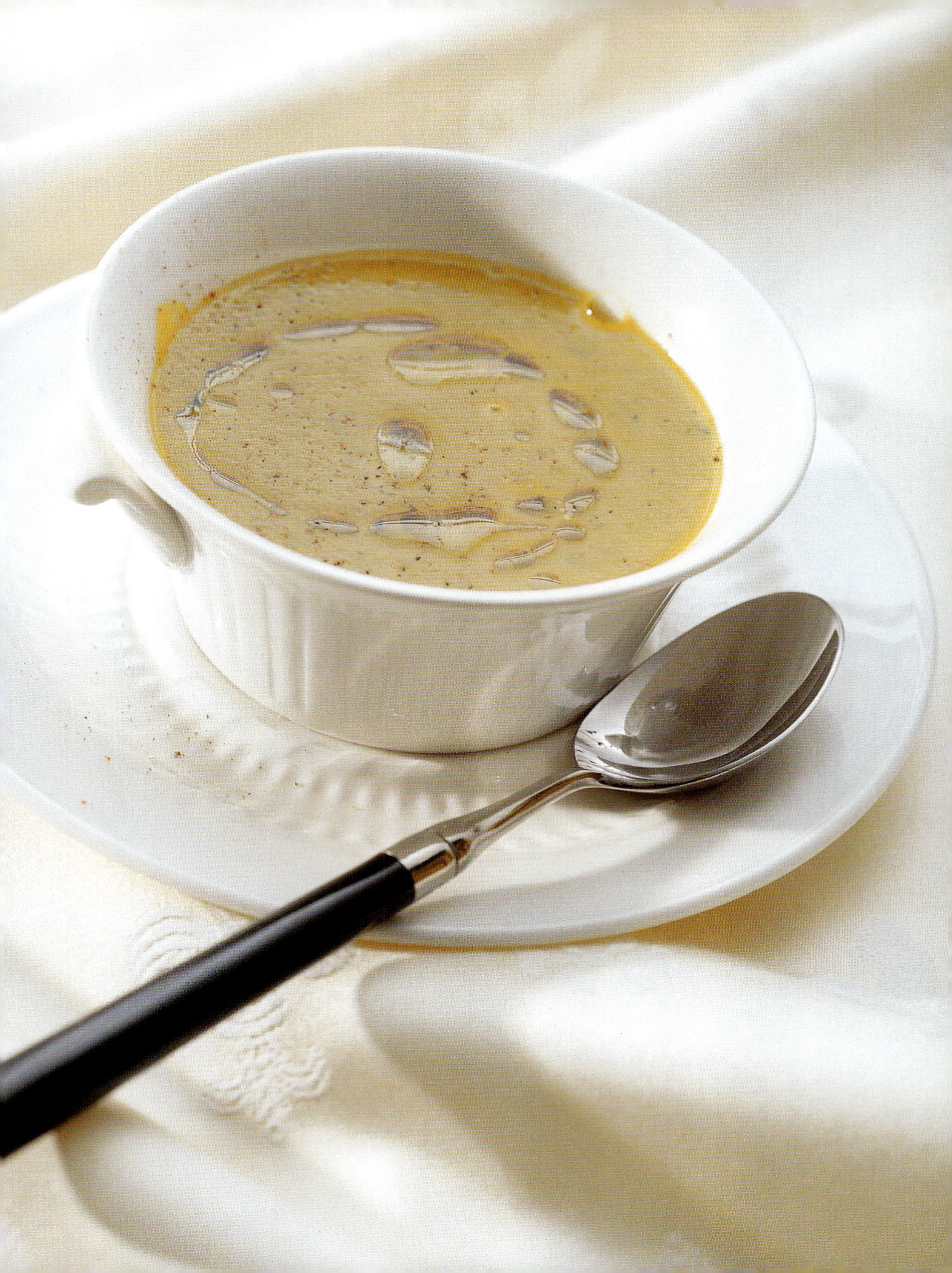

Kartoffel-Kürbis-Püree

Beilage

400 g mehlig kochende Kartoffeln
250 g Kürbisfleisch
1 EL Rahm/süsse Sahne
1 EL Olivenöl nativ extra
geriebene Muskatnuss
Meersalz
Pfeffer, frisch gemahlen
2 EL fein gehackte Petersilie

1
Die Kartoffeln schälen und klein würfeln. Den Kürbis klein würfeln. Beides im Dampf oder in wenig Gemüsebrühe weich garen, etwa 20 Minuten. Die Gemüsebrühe abgiessen und auffangen. Den Topfinhalt durch das Passevite/Passetout drehen.

2
Das Gemüsepüree zusammen mit dem Rahm und dem Olivenöl erhitzen, je nach Konsistenz die aufgefangene Gemüsebrühe unterrühren. Würzen.

Variante
Kürbis durch Karotten ersetzen.

Blumenkohl-Brokkoli-Curry mit Cashewnüssen

Hauptmahlzeit

1 EL Sesamöl oder Olivenöl nativ extra
1 kleine Zwiebel, gehackt
500–600 g Brokkoli- und Blumenkohlröschen, gemischt
1 TL mittelscharfer Curry
1/2 TL Green-Curry-Paste
2,5 dl/250 ml fettfreie Gemüsebrühe
1 dl/100 ml Kokosmilch
Meersalz
1 EL trocken geröstete Cashewnüsse

1
Die Zwiebeln im Öl andünsten, Blumenkohl- und Brokkoliröschen zugeben, den Curry darüber streuen. Die Gemüsebrühe angiessen, aufkochen, bei kleiner Hitze etwa 6 Minuten köcheln lassen. Kokosmilch angiessen, weitere 6 Minuten köcheln lassen. Das Gemüse soll noch Biss haben. Mit Salz abschmecken. Mit den gerösteten Nüssen bestreuen.

Mahlzeit
Mit Sesamkartoffeln, Seite 40, oder Naturreis, Seite 124, servieren.

Inhaltsstoffe
Reich an Faserstoffen und Antioxidantien. Brokkoli enthält zudem Stoffe, die krebshemmend wirken.

Abbildung nebenan

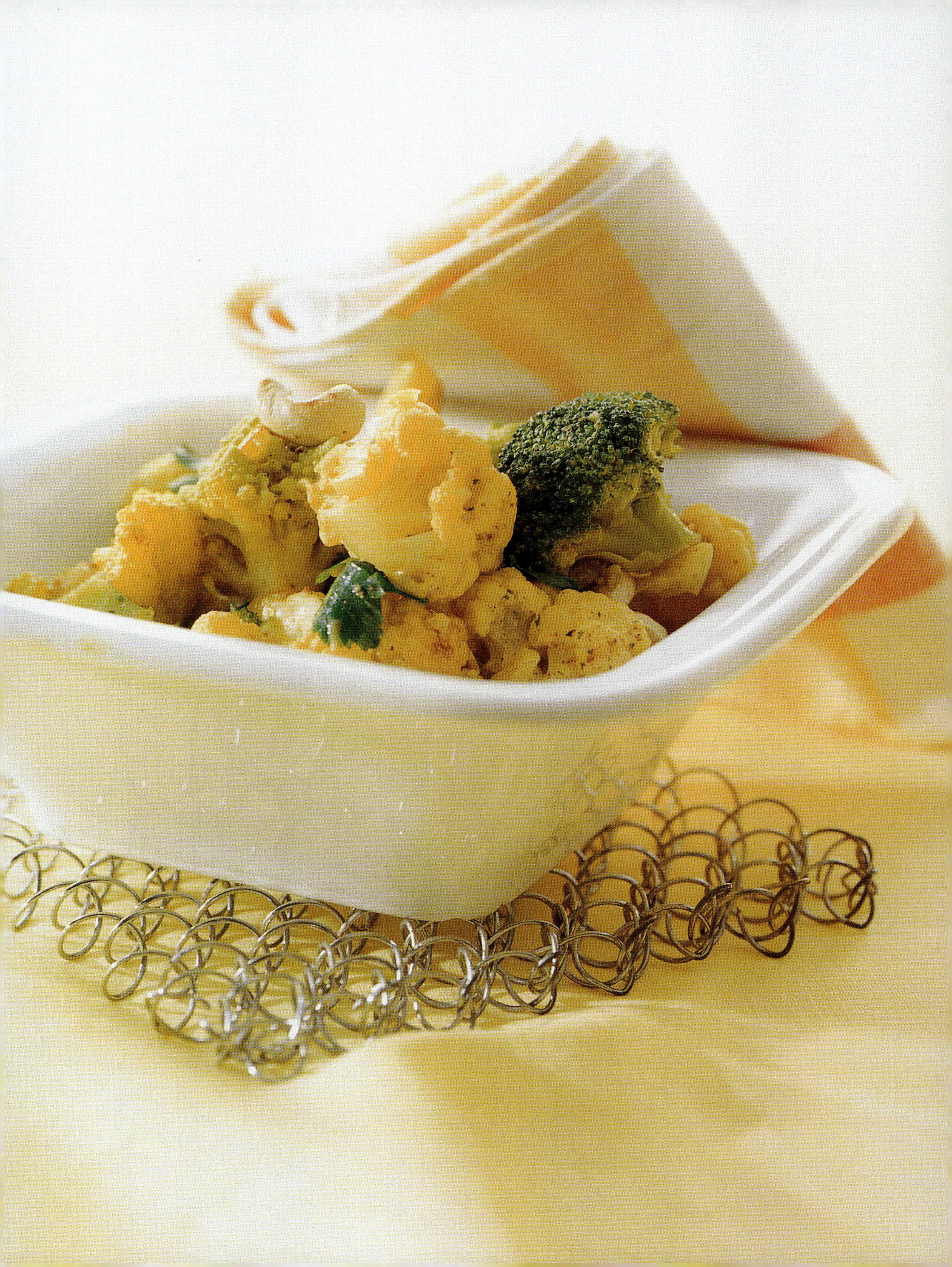

Gemüsespiess nach Florentiner Art

Hauptmahlzeit
für 4–5 Spiesse

ca. 500 g gemischtes Gemüse,
z. B. mittelgrosse Zucchini,
Peperoni/Paprikaschote,
Kürbis (Butternut oder
Muscade de Provence oder
Potimarron)
2 Zwiebeln, längs geviertelt
Cherrytomaten
einige Champignons
Kräutermeersalz
Pfeffer, frisch gemahlen
einige Salbeiblätter
1 Zweig frischer Thymian
oder Rosmarin
frische Lorbeerblätter
mittelscharfer Curry,
nach Belieben
Sojasauce
1–2 EL Olivenöl nativ extra

Kräutersauce
100 g Magerquark
wenig fettfreie Gemüsebrühe
1 kleine Zitrone, davon Saft
4 EL Olivenöl nativ extra
1/2 Bund glattblättrige
Petersilie, fein gehackt
1 Knoblauchzehe, durch-
gepresst
Kräutermeersalz

1
Den Backofen auf 220 °C vorheizen.

2
Die Zucchini in 1 cm dicke Scheiben schneiden. Die Peperoni halbieren und den Stielansatz entfernen, entkernen, die Fruchthälften in 3 cm grosse Quadrate schneiden. Den Kürbis schälen und in 2 cm grosse Würfel schneiden.

3
Gemüse, Zwiebeln, Cherrytomaten, Pilze und Kräuter abwechslungsweise auf die Spiesse stecken.

4
Eine Gratinform oder ein Backblech mit Backpapier belegen. Die Spiesse darauf legen. Mit Kräutersalz, Pfeffer, Kräutern, Sojasauce und Olivenöl würzen.

5
Die Spiesse im Ofen bei 220 °C 20 bis 25 Minuten backen. Die Backdauer ist abhängig von der Grösse der Gemüsewürfel sowie der gewünschten Konsistenz des Gemüses.

6
Sämtliche Zutaten für die Sauce glatt rühren. Mit Kräutersalz abschmecken.

Mahlzeit
Mit Ofenkartoffeln, Seite 40, oder Naturreis, Seite 124, servieren.

Varianten
Die Spiesse schmecken auch sehr gut mit Fetakäse, Oliven und Pilzen.

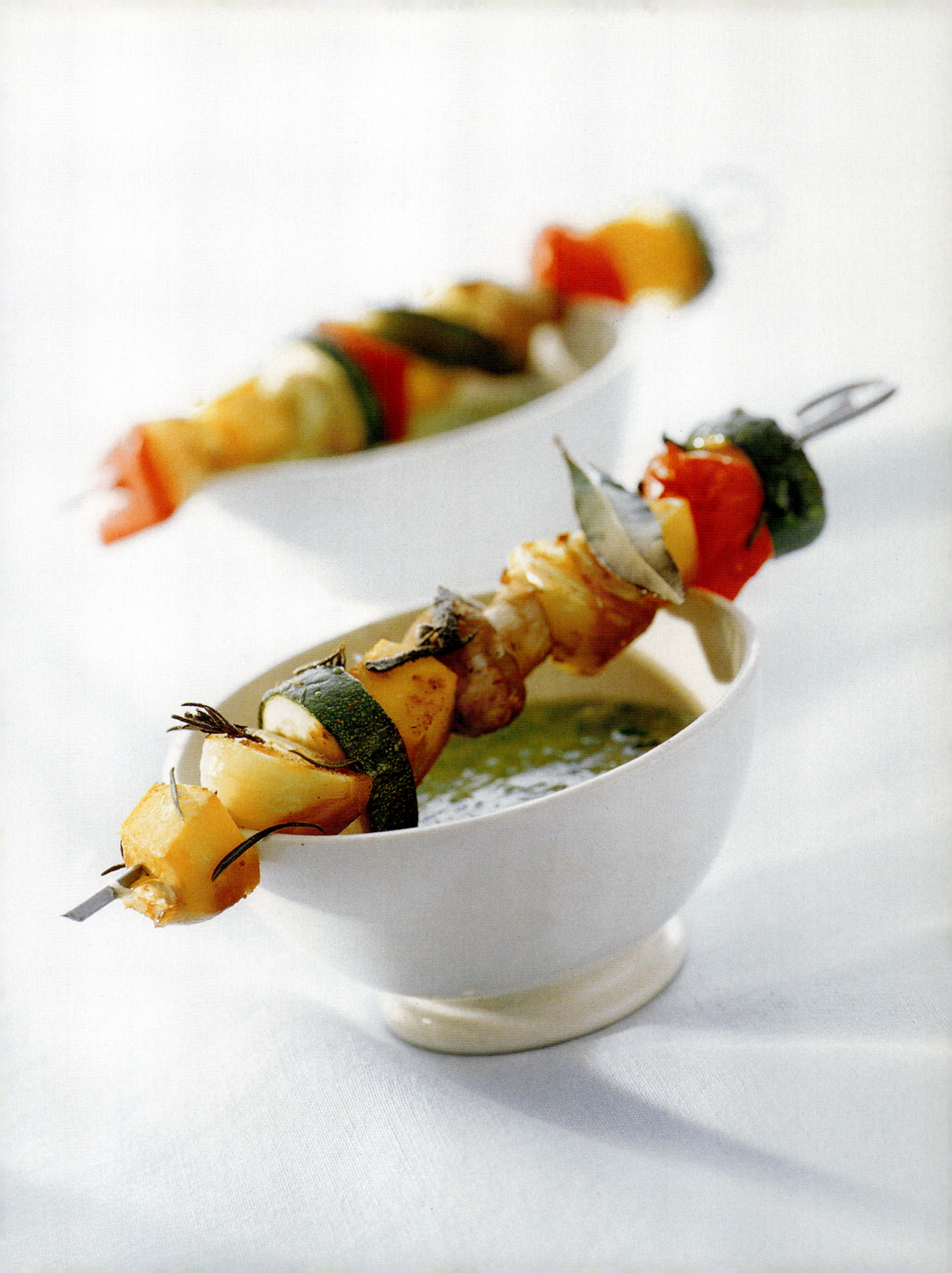

Kartoffelpfanne provençale

Hauptmahlzeit

200 g Peperoni/Paprikaschoten
300 g mittelgrosse Kartoffeln
120 g Zwiebeln
1 Knoblauchzehe, in Scheiben
1 EL getrocknete Provencekräuter
2 EL Olivenöl nativ extra
1/2 unbehandelte Zitrone, in Scheiben
12 schwarze Oliven
Kräutermeersalz
Pfeffer, frisch gemahlen

1 Den Backofen auf 220 °C vorheizen.

2 Die Peperoni halbieren und den Stielansatz entfernen, entkernen, die Fruchthälften in Streifen schneiden. Die Kartoffeln und die Zwiebeln schälen und längs vierteln.

3 Sämtliche Zutaten in einer feuerfesten Form mischen, mit Kräutersalz und Pfeffer würzen.

4 Die Kartoffelpfanne im vorgeheizten Ofen bei 220 °C 35 Minuten backen.

Mahlzeit

Mit Blattsalat und je nach Appetit mit Fleisch oder Fisch kombinieren.

Inhaltsstoffe

Mit dieser schonenden Zubereitungsart bleiben die Mineralstoffe weitgehend erhalten.

Zucchini mit Pilz-Käse-Füllung

Hauptmahlzeit

2 mittelgrosse Zucchini
2 dl/200 ml fettfreie
Gemüsebrühe
1 EL Olivenöl nativ extra
1 kleine Zwiebel, fein
gehackt

wenig rote Pfefferschote,
nach Belieben
4 kleine Champignons
100 g Feta
1/2 Bund Basilikum,
fein geschnitten
Pfeffer, frisch gemahlen
Kräutermeersalz

1
Die Zucchini längs halbieren und mit einem Kugelausstecher aushöhlen. Das Fruchtfleisch fein hacken. Die Pfefferschote und die Champignons ebenfalls fein hacken.

2
Die Zucchinihälften in wenig Gemüsebrühe 3 bis 5 Minuten dünsten.

3
Den Backofen auf 200 °C vorheizen.

4
Zucchinifleisch, Zwiebeln, Pfefferschoten und Pilze im Olivenöl andünsten. Von der Wärmequelle nehmen. Feta und Basilikum unterrühren, gut würzen. Die Zucchinihälften mit der Masse füllen und in eine geölte Gratinform setzen. Wenig Gemüsebrühe angiessen.

5
Die gefüllten Zucchini im vorgeheizten Ofen bei 200 °C rund 30 Minuten schmoren.

Mahlzeit
Mit Naturreis, Seite 124, oder Nudeln oder im Dampf gegarten Kartoffeln servieren.

Nudeln mit Tomaten-Ingwer-Zwiebel-Sugo

Hauptmahlzeit

160–200 g Nudeln ohne Ei

1–2 EL Olivenöl nativ extra
1 weisse Zwiebel, in feinsten Scheiben oder fein gehobelt
400 g frische Tomaten oder 350 g Pelati
2 cm Ingwerwurzel, geschält
2 EL Olivenöl nativ extra, zum Abschmecken
Meersalz
Pfeffer, frisch gemahlen

1
Für die Nudeln reichlich Salzwasser in einem grossen Topf aufkochen.

2
Die Tomaten an der Spitze kreuzweise einschneiden, in einem Schaumlöffel in das Nudelwasser tauchen, bis sich die Haut löst. Die Früchte unter kaltem Wasser abschrecken, dann schälen, den Stielansatz entfernen, die Tomaten in Schnitze schneiden.

3
Die Zwiebelscheiben oder die gehobelten Zwiebeln im Öl 5 Minuten dünsten, sie dürfen nicht braun werden. Dann die Tomatenwürfelchen oder die zerkleinerten Pelati zugeben und kurz erwärmen, alles mit Pfeffer, Salz und Ingwer abschmecken. Dazu den frischen Ingwer direkt auf einer feinen Reibe zu den Tomaten reiben. Das Gericht darf und sollte nach Ingwer schmecken. Eine exotische, aber sehr schmackhafte Kombination und für das Herz eine wahre Wohltat.

4
Die Nudeln im Salzwasser al dente kochen. Abgiessen. Zur Sauce geben und vermengen.

Tipp
Das Nudelgericht ist mit frischen Tomaten sehr aromatisch.

Ingwer
Die gesunde Wurzel gilt in der chinesischen Medizin als Heilpflanze, welche innere Wärme entfacht und die Energie im Körper wieder zirkulieren lässt.

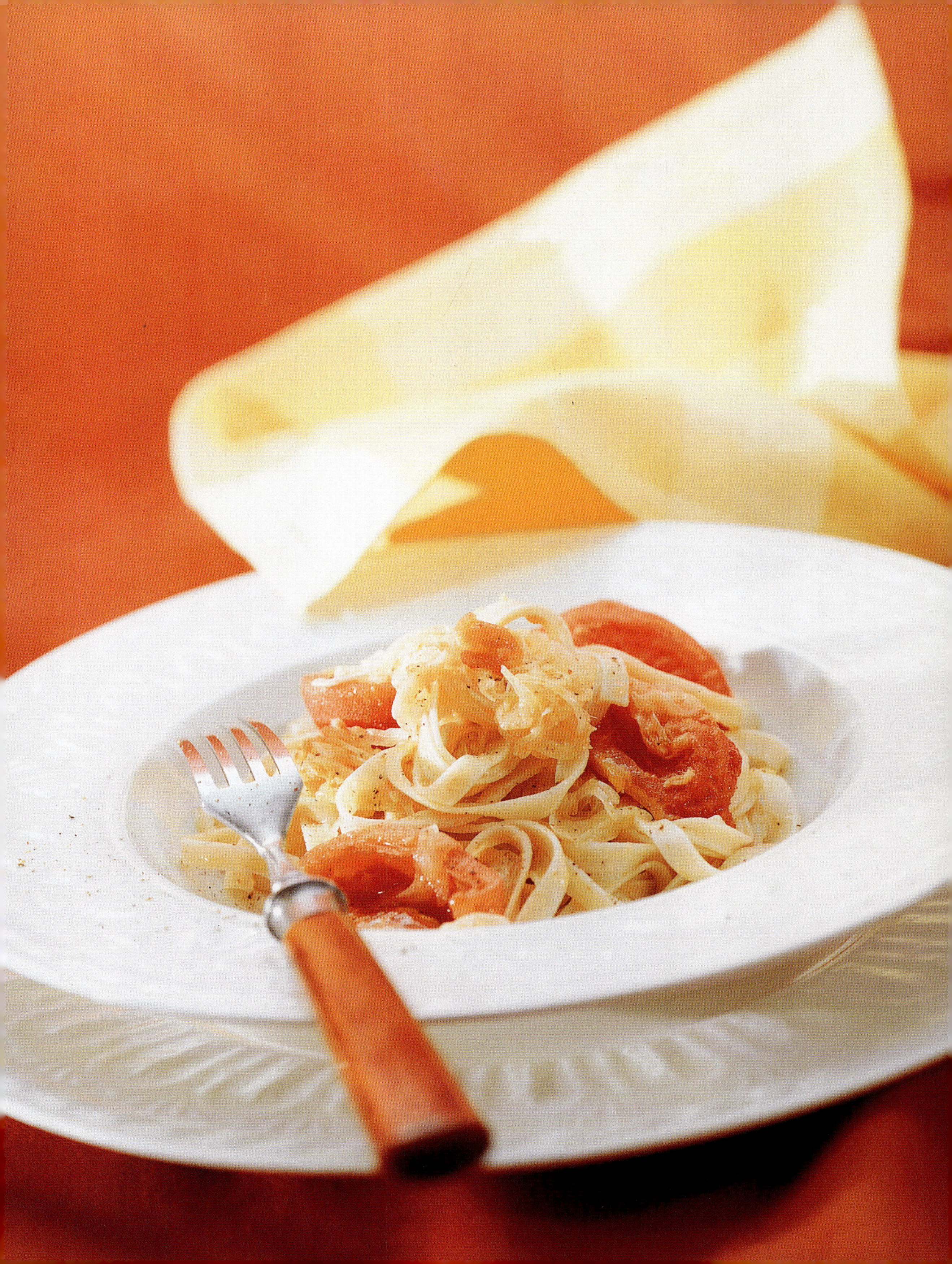

Karottensoufflé

Hauptmahlzeit
für 4 kleine Souffléförmchen

$1/2$ EL Olivenöl nativ extra
350 g Karotten
1 kleine Zwiebel, fein gehackt
$1/2$ cm Ingwerwurzel oder wenig Ingwerpulver
2 dl/200 ml Gemüsebrühe
2 kleine Eier
2 EL geriebener Käse

2 EL fein gehackte glattblättrige Petersilie
$1/2$ unbehandelte Zitrone, davon abgeriebene Schale, oder
1 TL Limonenöl
Kräutermeersalz
Pfeffer, frisch gemahlen

1
Den Backofen auf 220 °C vorheizen.

2
Die Karotten putzen und in Scheiben schneiden, die Zwiebel fein hacken. Den Ingwer schälen und fein reiben.

3
Karotten, Zwiebeln und Ingwer im Öl andünsten. Die Gemüsebrühe angiessen, aufkochen und bei kleiner Hitze köcheln lassen, bis die Karotten gar sind und die Flüssigkeit fast vollständig eingekocht ist. Etwas auskühlen lassen.

4
Die leicht ausgekühlten Karotten mit den Eiern und dem Käse grob pürieren. Petersilie unterrühren. Mit Zitronenschale, Limonenöl, Kräutersalz und Pfeffer abschmecken. In ausgebutterte Souffléförmchen füllen.

5
Soufflés im vorgeheizten Ofen im Wasserbad bei 180 °C 25 bis 30 Minuten pochieren.

Mahlzeit
Mit im Dampf gegarten Kartoffeln oder Naturreis, Seite 124, und Salat servieren. Schmeckt kalt und warm.

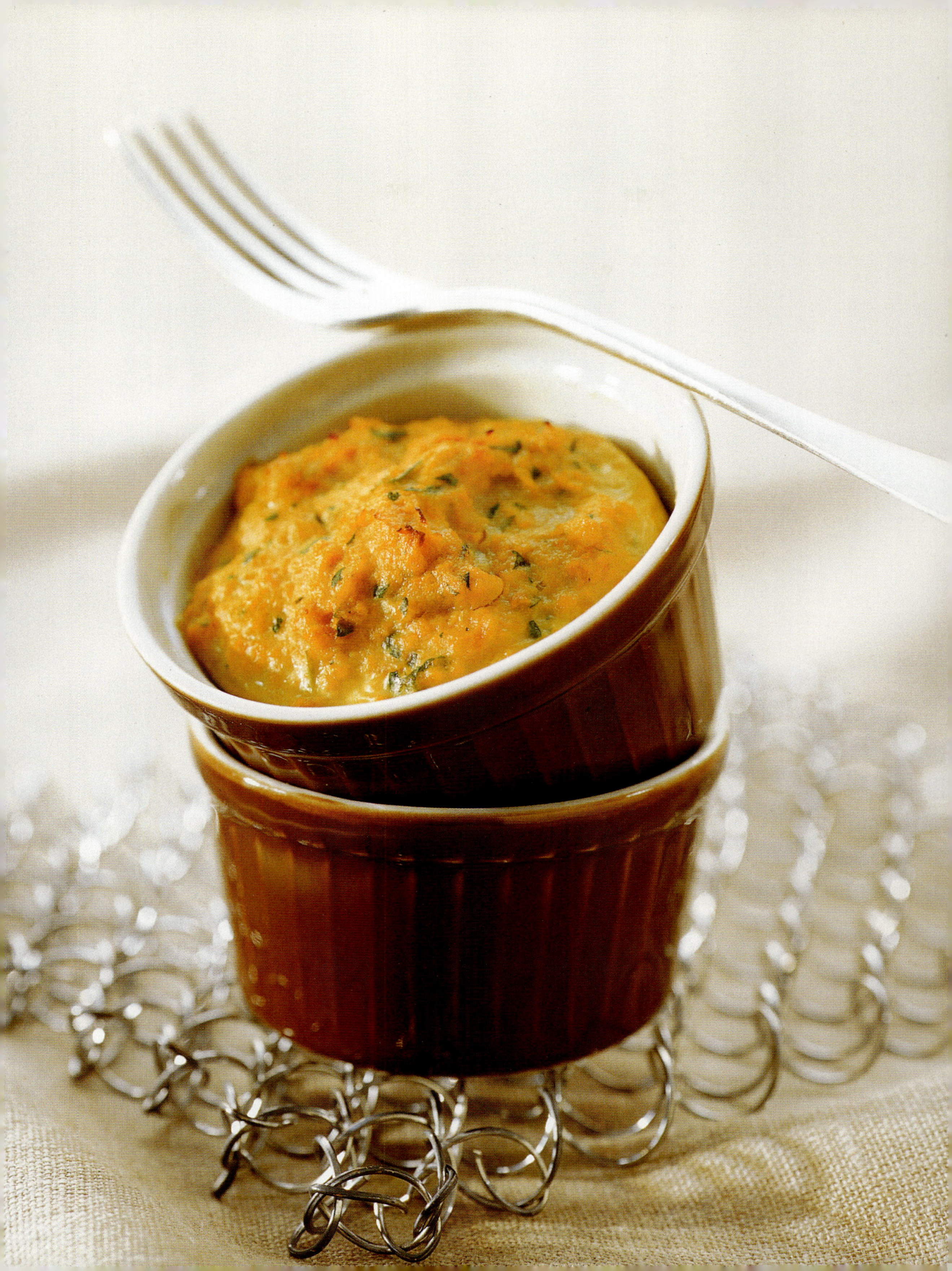

Gemüsecurry mit Bohnen und Kürbis

Hauptmahlzeit

1 EL Olivenöl nativ extra
1 kleine Zwiebel
1 Knoblauchzehe
ca. 1/2 kleine Chilischote, je nach gewünschter Schärfe (bei Verwendung von Green Curry weglassen)
100 g Karotten
200 g grüne Bohnen oder Kefen/Zuckerschoten
1 Hand voll frische oder tiefgekühlte Erbsen
1 TL mittelscharfer Curry oder Green-Curry-Paste
4 dl/400 ml Gemüsebrühe
200 g fest kochende Kartoffeln
250 g Kürbis, z. B. Butternut oder Potimarron
1 kleine Dose Pelati, grob gehackt
wenig Kokosmilch, nach Belieben
wenig geriebener Ingwer, nach Belieben
Petersilie, für die Garnitur

1
Die Zwiebel in Scheiben schneiden, die Knoblauchzehe und die Chilischote fein hacken. Karotten, Kartoffeln und Kürbis schälen und würfeln. Bei den grünen Bohnen den Stielansatz wegschneiden, eventuell quer halbieren.

2
Zwiebeln im Öl andünsten. Knoblauch, Chili, Karotten und Bohnen zugeben und mitdünsten. Mit Curry würzen, die Gemüsebrühe angiessen, aufkochen und 10 Minuten bei kleiner Hitze köcheln lassen, dann die Kartoffeln, den Kürbis und die Tomaten zugeben, köcheln lassen, bis das Gemüse gar ist. Die Erbsen unterrühren. Nach Belieben mit Kokosmilch verfeinern und frisch geriebenem Ingwer abschmecken. Mit der Petersilie garnieren.

Inhaltsstoffe
Reich an Faserstoffen und Antioxidantien.

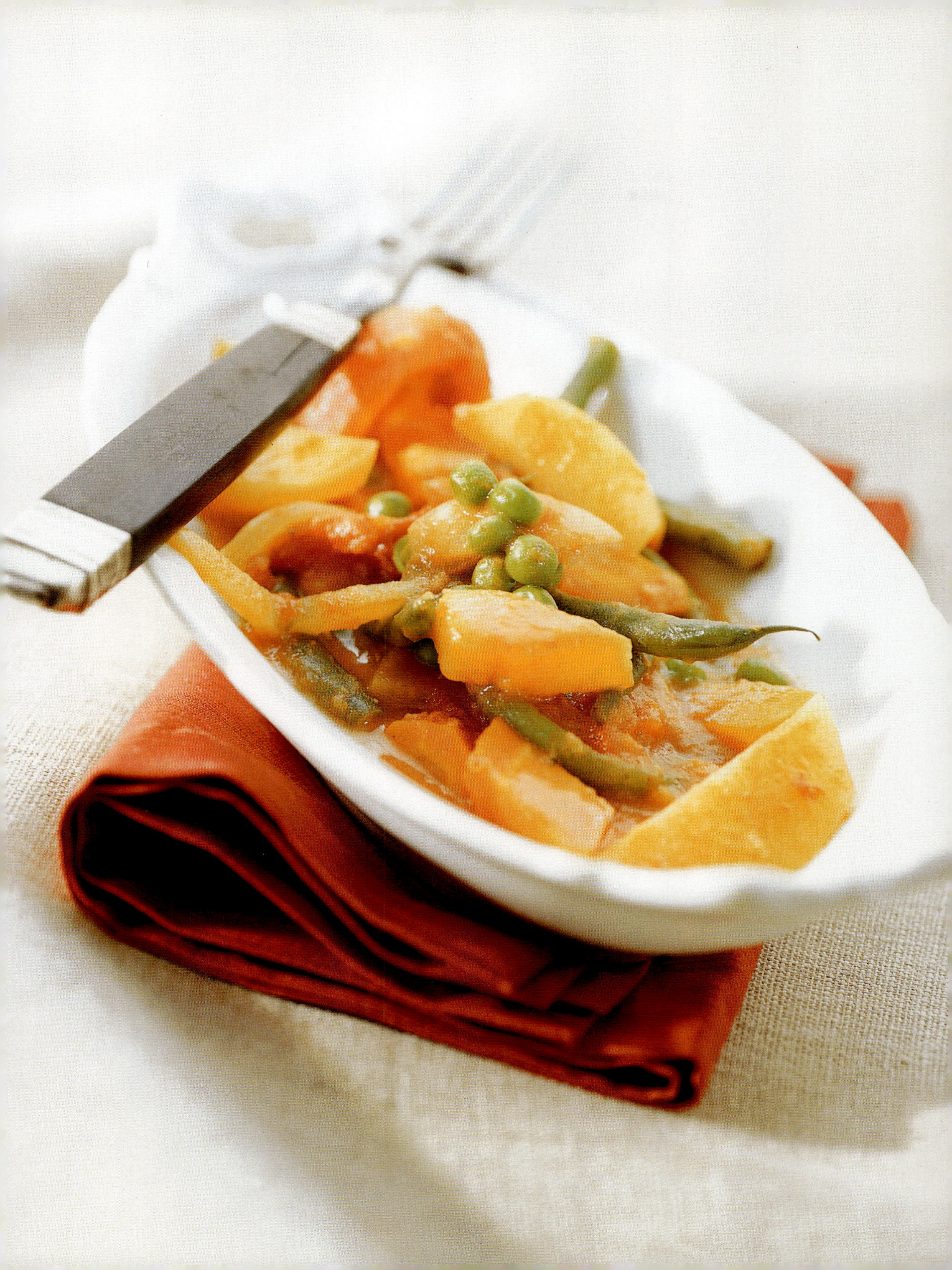

Zucchini mit Hackfleischfüllung

Hauptmahlzeit

2 mittelgrosse Zucchini
2 dl/200 ml fettfreie Gemüsebrühe

120 g Bio-Rinder- oder Lammhackfleisch
80 g Feta, zerbröckelt
1 kleines Ei
reichlich gehackte Kräuter, z. B. Petersilie, Thymian, Rosmarin, 2 bis 3 Pfefferminzblättchen oder 2 TL getrocknete Provencekräuter
1 Knoblauchzehe, durchgepresst
Kräutermeersalz
Pfeffer, frisch gemahlen
1 unbehandelte Zitrone, davon wenig abgeriebene Schale

1
Den Backofen auf 180 bis 200 C° vorheizen.

2
Die Zucchini beidseitig kappen, der Länge nach halbieren und mit dem Kugelausstecher vorsichtig aushöhlen. Das Fleisch für eine Suppe, z. B. eine Zucchinisuppe verwenden. Die Zucchini in wenig Gemüsebrühe 3 bis 5 Minuten dämpfen. Brühe für die Gratinform aufbewahren.

3
Das Hackfleisch mit Feta, Ei, Kräutern und Knoblauch mischen. Würzen mit Kräutersalz, Pfeffer und Zitronenschale.

4
Die Zucchinihälften leicht salzen und mit der Masse füllen. In eine feuerfeste Form legen. Etwas Gemüsebrühe in die Form giessen.

5
Die gefüllten Zucchini im vorgeheizten Ofen bei 180 °C rund 30 Minuten schmoren.

Mahlzeit
Mit Naturreis, Seite 124, oder im Dampf gegarten Kartoffeln servieren.

Variante
Je nach Saison kann die Masse auch zum Füllen von Pâtissons, Tomaten, Gurken, Kohlrabi oder Zwiebeln verwendet werden. Ausgehöhlte Gurken, Kohlrabi und Zwiebeln zu Beginn ebenfalls dämpfen.

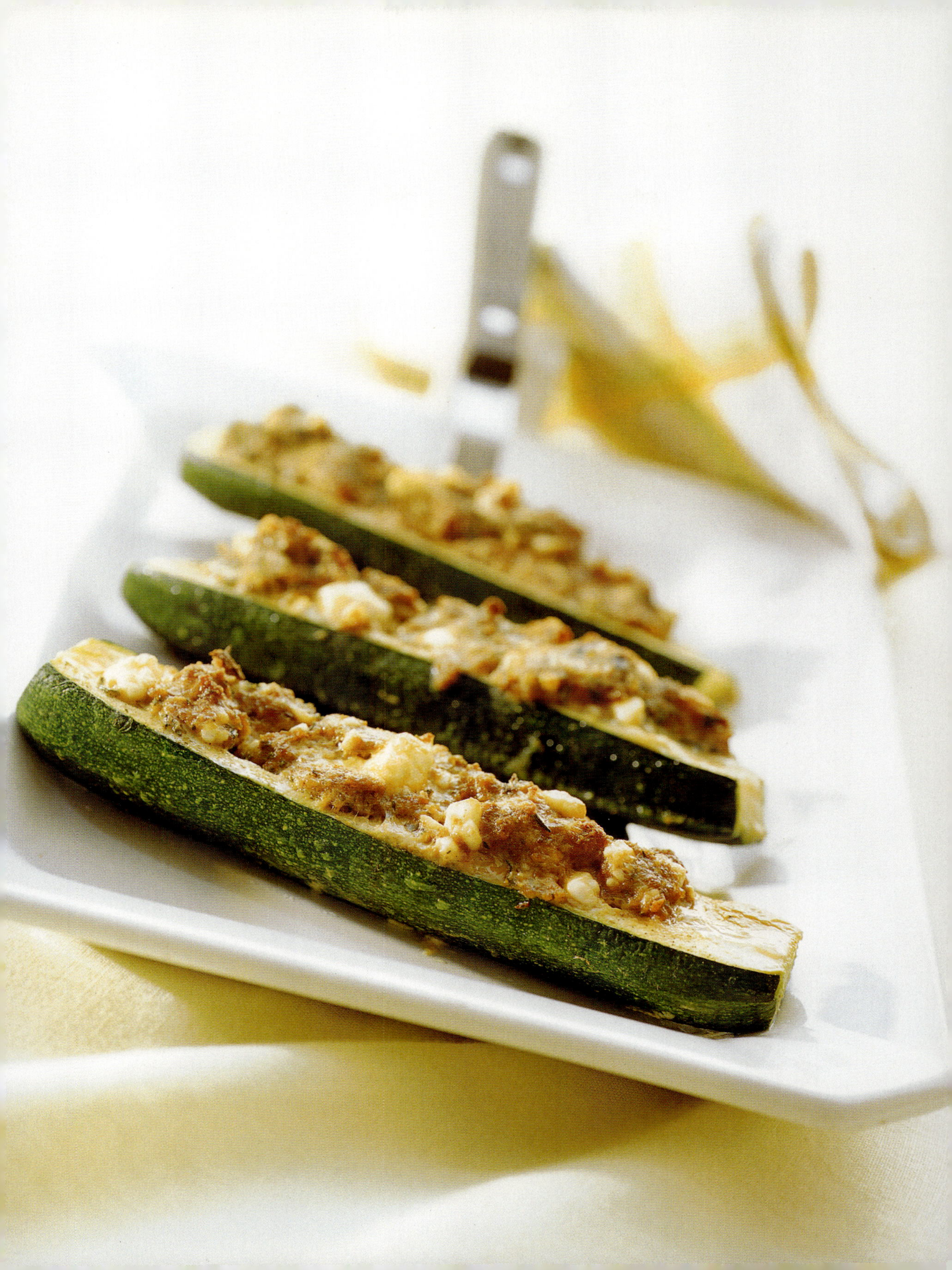

Lammfilet auf Fenchelgemüse mit Oliven

Hauptmahlzeit

1 EL Olivenöl nativ extra
2 mittelgrosse Fenchelknollen mit Grün
Kräutermeersalz
8 entsteinte grüne Oliven, in Streifchen
1 dl/100 ml Gemüsebrühe

250 g Lammfilet, in 2 cm dicken Scheiben
Kräutermeersalz
Pfeffer, frisch gemahlen
zerdrückte grüne Pfefferkörner

1
Die Fenchelknollen putzen, halbieren und quer in möglichst feine Streifen schneiden oder hobeln. Das Grün fein hacken und beiseite stellen.

2
Den Fenchel im Öl während etwa 5 Minuten braten, leicht salzen. Die Oliven zugeben. Wenig Gemüsebrühe angiessen, nochmals 2 Minuten weiterdünsten. Das Fenchelgrün unterrühren, mit Zitronenpfeffer abschmecken.

3
Die Lammfiletscheiben mit Salz und Pfeffer würzen, mit dem grünen Pfeffer bestreuen. Am besten über Nacht in Olivenöl einlegen. Kurz braten, zum Gemüse servieren.

Mahlzeit
Mit Naturreis, Seite 124, oder Nudeln oder Kartoffeln servieren.

Variante
Lammfilet durch Lammkoteletts ersetzen.

Ratatouille mit gebratenem Seeteufel

Hauptmahlzeit

Ratatouille
1 EL Olivenöl nativ extra
1 Zwiebel, gehackt
2 Knoblauchzehen, durchgepresst
1 kleine Aubergine
1 mittelgrosser Zucchino
je 1/2 gelbe und rote Peperoni/Paprikaschote
2 grosse Fleischtomaten
frischer Rosmarin und Thymian oder
1/2 TL getrocknete Provencekräuter
1 Lorbeerblatt
1 dl/100 ml trockener Weisswein
2 dl/200 ml fettfreie Gemüsebrühe
2 EL fein gehackte Petersilie oder fein geschnittenes Basilikum

Fisch
400 g Seeteufel oder anderer fester Meerfisch
Kräutermeersalz
Pfeffer, frisch gemahlen
1/2 Zitrone, Saft
gehackter Thymian
Olivenöl nativ extra, zum Braten

1
Aubergine und Zucchino beidseitig kappen, in etwa 15 mm grosse Würfel schneiden. Die Peperoni entkernen, den Stielansatz entfernen, in etwa 15 mm grosse Quadrate schneiden. Die Tomaten an der Spitze kreuzweise einschneiden, in einem Schaumlöffel in kochendes Wasser tauchen, bis sich die Haut löst, dann unter kaltem Wasser abschrecken und schälen, den Stielansatz entfernen, die Früchte würfeln.

2
Zwiebeln und Knoblauch im Olivenöl andünsten, das Gemüse zugeben und mitdünsten. Kräuter und Lorbeerblatt beifügen. Den Weisswein angiessen, 2 bis 3 Minuten köcheln lassen. Nun die Gemüsebrühe angiessen, etwa 10 Minuten köcheln lassen.

3
Den Fisch mit Salz und Pfeffer würzen, mit Zitronensaft beträufeln. Mit Thymian bestreuen. In wenig Öl in einer beschichteten Bratpfanne beidseitig braten, je nach Dicke 5 bis 7 Minuten.

4
Die Kräuter unter die Ratatouille rühren, zusammen mit dem Fisch anrichten.

Mahlzeit
Mit Naturreis oder im Dampf gegarten Kartoffeln servieren.

Felchenfilets auf Gemüse

Hauptmahlzeit

**4 Felchenfilets oder andere
Fischfilets, z. B. Rotbarbe
Kräutermeersalz
Pfeffer, frisch gemahlen
Zitronensaft
Olivenöl nativ extra,
zum Braten**

**G e m ü s e
1 EL Olivenöl nativ extra
1 Karotte
1 Zucchino
1 Stange Lauch
1 Hand voll Sojasprossen
wenig Gemüsebrühe
fein gehackte Petersilie
wenig Dill**

Limonenöl, nach Belieben

1

Die Felchenfilets mit Salz und Pfeffer würzen, mit Zitronensaft beträufeln.

2

Die Karotte schälen, dann quer halbieren und längs in Scheiben schneiden und diese wiederum in zündholzdicke Stäbchen. Den Zucchino nicht schälen, gleich klein schneiden wie die Karotte. Den Lauch putzen, in etwa 6 cm lange Stücke schneiden, diese in Längsrichtung in Streifen schneiden. Oder das Gemüse klein würfeln.

3

Das Gemüse mit den Sprossen im Öl andünsten. Wenig Gemüsebrühe angiessen, knackig garen.

4

Die Fischfilets in einer beschichteten Bratpfanne in wenig Öl beidseitig braten.

5

Die Fischfilets zusammen mit dem Gemüse auf Tellern anrichten. Mit Dill und Petersilie garnieren. Mit Limonenöl beträufeln.

Mahlzeit
Mit Kartoffelpüree, Seite 42, servieren.

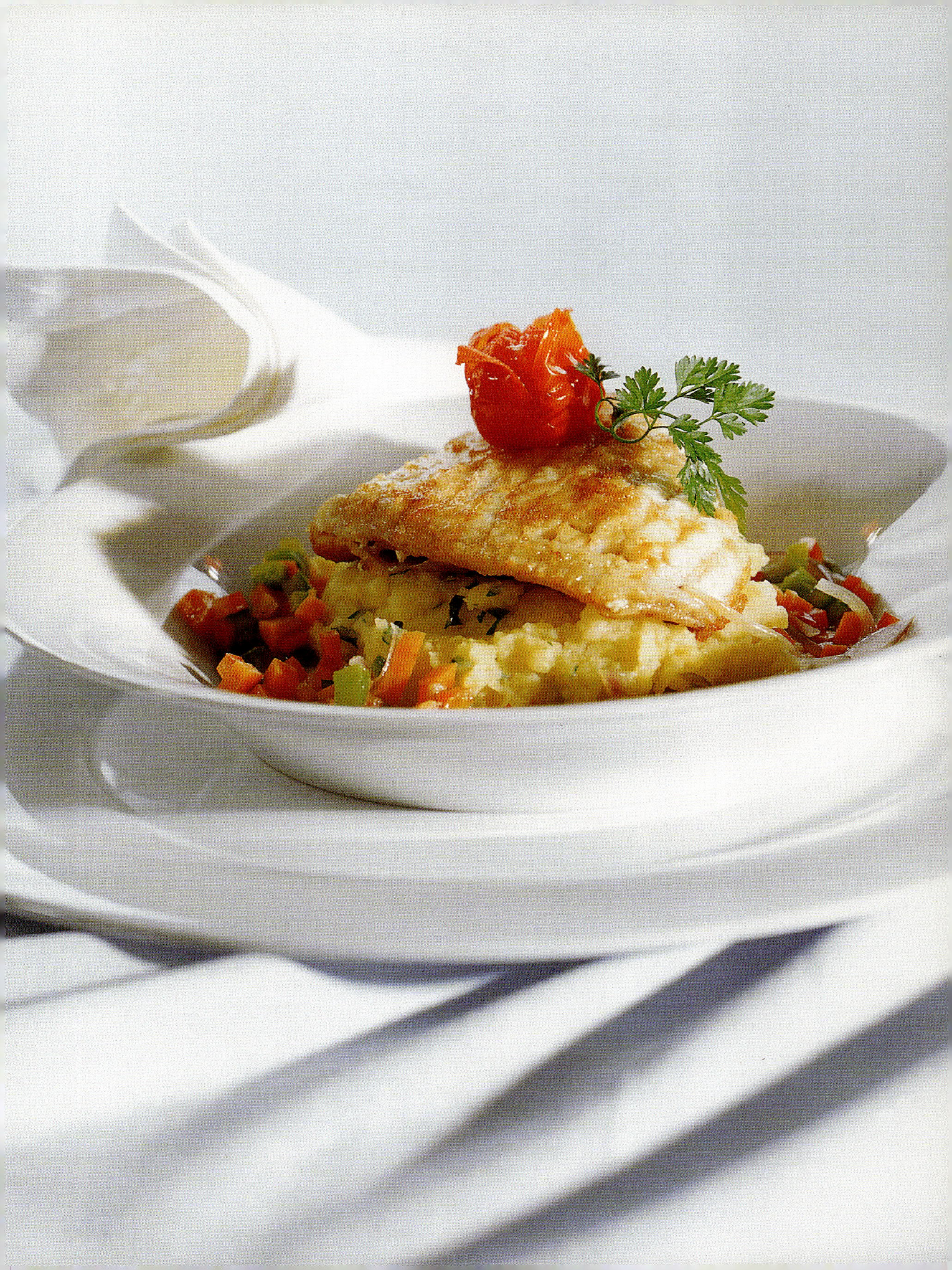

Ananas mit Kokos und Schokospänen

½ Ananas, ca. 300 g Fruchtfleisch, gewürfelt
2 EL Kokosflocken
1 EL grob geraspelte Schokolade, nach Belieben

1
Ananas und Kokosflocken mischen. Mit den Schokoladenspänen bestreuen.

Marinierte Orangenfilets mit Feigen

2 süsse Orangen oder rosa Grapefruits
2 frische Feigen
1 EL Grand Marnier
1 EL Agavendicksaft oder Ahornsirup
1 Prise Zimtpulver, nach Belieben

1
Die Orangen oder Grapefruits mit einem Messer grosszügig schälen, auch die weisse Haut entfernen. Die Fruchtfilets aus den Trennwänden herauslösen.

2
Die Fruchtreste gut auspressen, den Saft mit Grand Marnier, Agavendicksaft und Zimtpulver verrühren.

3
Die Feigen vierteln oder achteln.

4
Feigenviertel und Orangenfilets anrichten, mit dem Saft beträufeln. 10 Minuten marinieren.

Abbildung nebenan

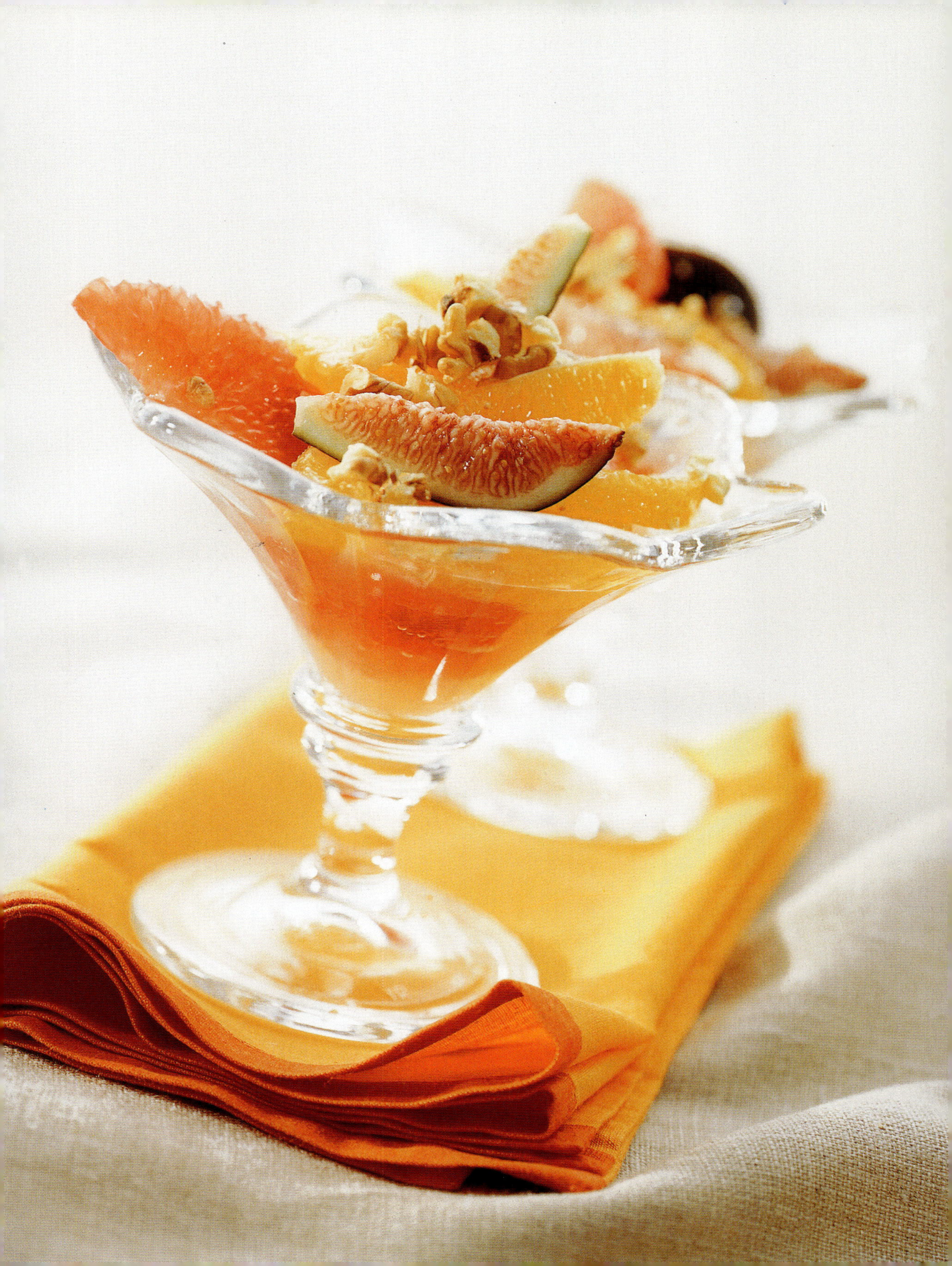

winter

Winterrezepte – Nährwerte

Seite/Rezept	kcal	kj	Fett total	Anteil muF	KH	EW	NF	Na
116 Quark-Knuspermüesli	189	791	8,7 g	0,7 g	18,8 g	2,5 g	26,6 g	0,3 mg
116 Quark-Müesli mit Leinsamen und Haferflocken	120	502	3,6 g	1,5 g	12,3 g	8,3 g	3,0 g	23,7 mg
117 Orangensalat mit Zwiebeln u. Oliven	214	895	15,9 g	1,2 g	14,4 g	3,5 g	3,1 g	680,2 mg
117 Brüsseler Endiviensalat mit rosa Grapefruit	113	473	10,0 g	1,0 g	2,5 g	2,6 g	2,3 g	225,6 mg
118 Rosenkohl-Karotten-Salat mit Pinienkernen	175	732	13,3 g	1,1 g	7,6 g	4,8 g	4,6 g	357,0 mg
120 Kastaniensuppe	483	2021	11,7 g	0,7 g	77,0 g	7,9 g	15,7 g	1006,3 mg
122 Kürbissuppe	200	837	8,1 g	1,2 g	24,3 g	5,6 g	8,1 g	1191,8 mg
123 Schnelle Hafersuppe mit Gemüse	165	690	7,1 g	1,4 g	18,5 g	5,5 g	6,6 g	1176,7 mg
124 Lauchrisotto mit Pilzen	457	1912	14,4 g	2,0 g	51,0 g	11,5 g	5,3 g	355,4 mg
126 Karotten-Nuss-Burger	209	874	6,8 g	5,8 g	13,6 g	7,7 g	4,9 g	272 mg
128 Penne mit Cima di Rapa	514	2151	13,4 g	1,5 g	78,6 g	19,4 g	4,2 g	349,5 mg
130 Kartoffeln auf mediterrane Art	348	1456	22,7 g	2,5 g	30,5 g	4,3 g	4,2 g	182,4 mg
130 Geflügelleberspiess mit Salbei	233	975	11,3 g	0,7 g	2,8 g	29,9 g	1,7 g	266,7 mg
132 Pouletschenkel mit Zitrone	399	1669	24,5 g	4,3 g	6,1 g	24,0 g	3,3 g	303,5 mg
134 Lachsforelle mit Zwiebeln und Zitronen	646	2703	43,4 g	7,2 g	7,0 g	46,2 g	1,9 g	207,7 mg
135 Pikanter Lauch-Curry mit Krevetten	263	1100	10,1 g	1,2 g	10,7 g	29,0 g	7,0 g	1096,2 mg
136 Birnen in Rotwein	199	833	0,3 g	0,1 g	25,7 g	0,6 g	4,0 g	2,0 mg
136 Ananassalat mit Kiwi und Pistazien	113	473	3,0 g	0,4 g	18,8 g	1,8 g	2,4 g	3,0 mg
138 Gebackene Bananen mit Zimt	133	556	2,3 g	0,2 g	26,4 g	1,1 g	1,8 g	1,1 mg
138 Feigencarpaccio mit Mango	96	402	3,6 g	0,1 g	13,5 g	1,6 g	4,2 g	4,9 mg

Die berechneten Werte sind für **eine Portion**

kcal Kilokalorien
kj Kilojoule
muF mehrfach ungesättigte Fettsäuren
KH Kohlenhydrate
EW Eiweiss
NF Nahrungsfasern
Na Natrium

Quark-Knuspermüesli

1 Person

10 g Butter
2 EL grobe Haferflocken
100 g Magerquark und
2 EL Rahm/süsse Sahne
1 TL flüssiger Honig oder Ahornsirup
150 g Saisonfrüchte

1 Die Haferflocken in der Butter knusprig braten, abkühlen lassen.

2 Quark, Rahm und Honig glatt rühren. Die Haferflocken unterrühren. Die Früchte klein schneiden und zugeben. Sofort geniessen.

Quark-Müesli mit Leinsamen und Haferflocken

1 Person

100 g Magerquark
1 EL Ahornsirup
einige Tropfen Zitronensaft
1 EL Leinsamen oder -schrot
1 EL Haferflocken
1 Apfel

1 Quark, Ahornsirup und Zitronensaft glatt rühren.

2 Leinsamen und Haferflocken unterrühren. Den Apfel dazureiben, sofort vermengen.

Orangensalat mit Zwiebeln und Oliven

Vorspeise

2 Orangen
2 kleine Zwiebeln, in Ringen
Meersalz
Pfeffer, frisch gemahlen
2 EL Olivenöl nativ extra
wenig glattblättrige
Petersilie
10 schwarze Oliven

1
Die Orangen mit einem Messer grosszügig schälen, auch die weisse Haut entfernen. Die Früchte quer in Scheiben schneiden und entkernen.

2
Die Orangenscheiben auf Tellern anrichten. Die Zwiebelringe darüber verteilen. Mit Salz und Pfeffer würzen. Mit Olivenöl beträufeln. Mit der Petersilie und den Oliven garnieren.

Inhaltsstoffe
Reich an Antioxidantien.

Brüsseler Endiviensalat mit rosa Grapefruit

Vorspeise

Je 1 rote und weisse Brüsseler Endivie/Chicorée
1 rosa Grapefruit
1 Bund Petersilie, gehackt

S a u c e
1 EL Rotweinessig
wenig Balsamico-Essig
Meersalz
Pfeffer, frisch gemahlen
2 EL Olivenöl nativ extra
1 EL fein gehackte Petersilie

1
Die Grapefruit mit einem Messer grosszügig schälen, auch die weisse Haut entfernen, die Frucht quer in Scheiben schneiden und entkernen, die Scheiben vierteln. Die Brüsseler Endivien längs halbieren, dann die Hälften längs vierteln.

2
Die Sauce zubereiten.

3
Brüsseler Endivie und Grapefruit auf Tellern anrichten. Mit der Sauce beträufeln. Die Petersilie darüber verteilen. Sofort servieren.

Rosenkohl-Karotten-Salat mit Pinienkernen

Vorspeise

100 g Rosenkohl
2 mittelgrosse Karotten
1/2 kleine Zwiebel, fein
gehackt, nach Belieben
1 Bund Petersilie,
fein gehackt
1 EL trocken geröstete
Pinienkerne

S a u c e
1 EL Rotweinessig oder
Zitronensaft
1 TL Balsamico-Essig
1 TL Sojasauce
Kräutermeersalz
Pfeffer, frisch gemahlen
2 EL Olivenöl nativ extra

1
Den Rosenkohl putzen und die Köpfchen auf dem Gemüsehobel hobeln. Die Karotten schälen, auf der Röstiraffel raspeln. Die Petersilie fein hacken.

2
Die Sauce zubereiten.

3
Gemüse, Zwiebeln und Petersilie mit der Sauce vermengen. Die Pinienkerne darüber streuen.

Inhaltsstoffe
Reich an Antioxidantien.

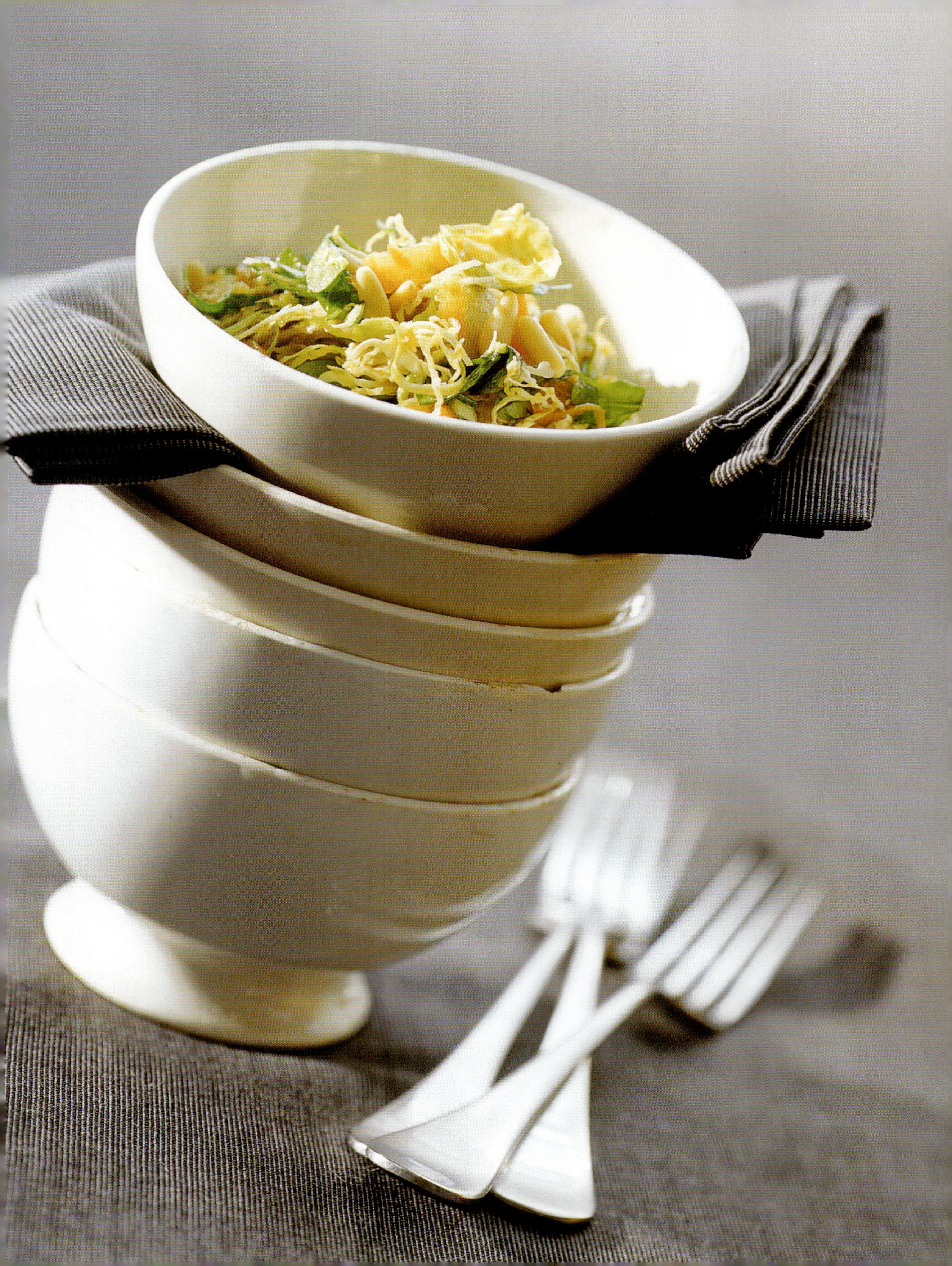

Kastaniensuppe

Hauptmahlzeit

1 EL Olivenöl nativ extra
1 Schalotte oder kleine
Zwiebel, fein gehackt
350 g geschälte Kastanien,
tiefgekühlt oder aus dem Glas
1/2 TL getrocknete Provencekräuter

1 dl/100 ml Rotwein
8 dl/800 ml Gemüsebrühe
Pfeffer, frisch gemahlen
4 TL Schlagrahm/-sahne oder
Crème fraîche, für die
Garnitur, nach Belieben

1
Schalotten, Kastanien und Provencekräuter im Öl andünsten. Den Rotwein angiessen, wenig einköcheln lassen.
Mit der Gemüsebrühe aufgiessen, aufkochen und die
Suppe bei schwacher Hitze 20 Minuten köcheln lassen,
bis die Kastanien zerfallen sind. Pürieren. Mit Pfeffer
abschmecken.

2
Die Kastaniensuppe nach Belieben mit wenig Schlagrahm
oder Crème fraîche garnieren.

Mahlzeit
Mit einem Gemüse-/Rohkostsalat servieren.

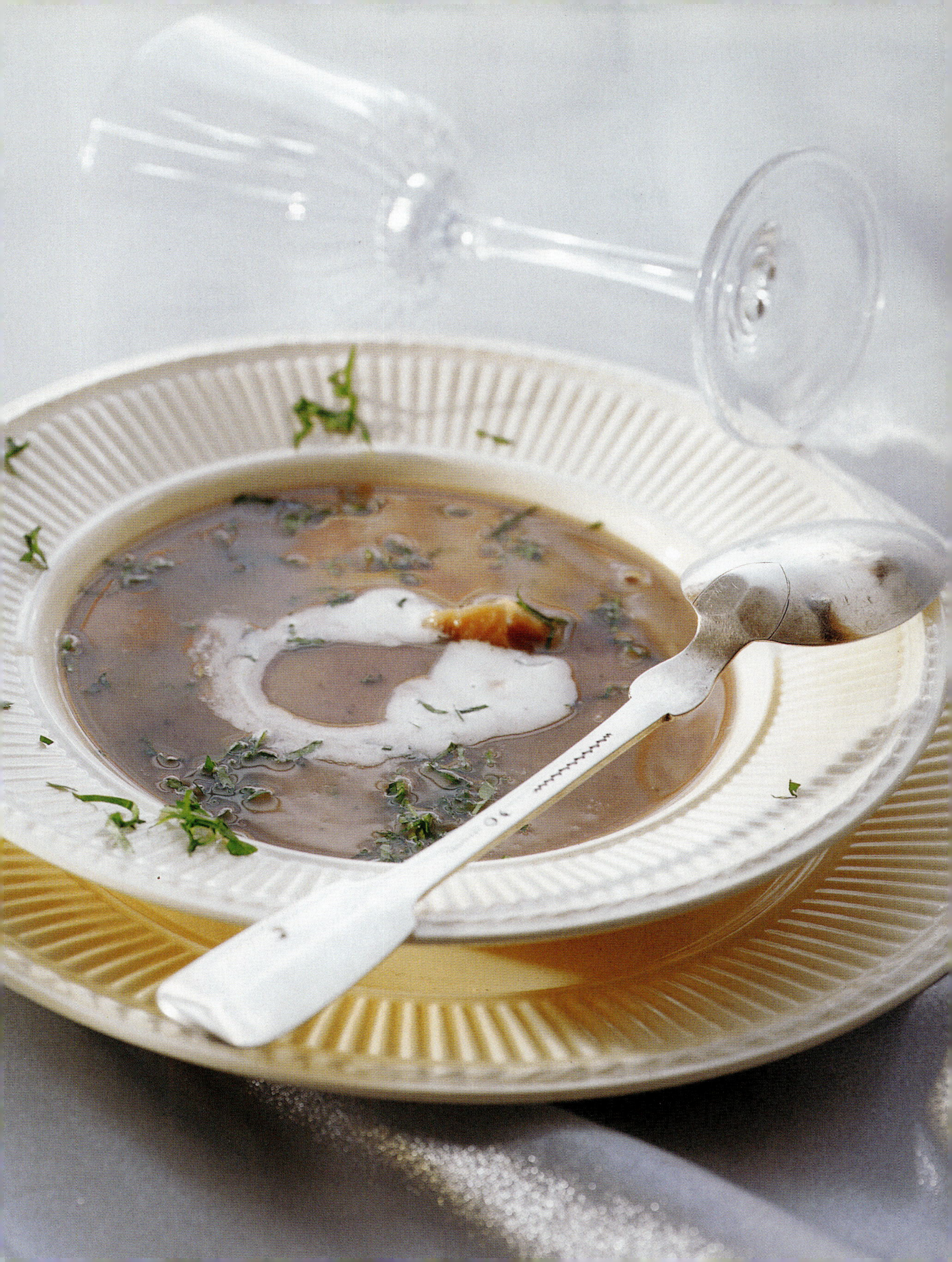

Kürbissuppe

Hauptmahlzeit

1–2 EL Olivenöl nativ extra
1 Zwiebel, fein gehackt
1 Knoblauchzehe
600 g fruchtiger Kürbis
1 Karotte
1 mittelgrosse mehlig kochende Kartoffel

1/2–1 TL mittelscharfer Curry
1 Msp geriebene Muskatnuss
8 dl/800 ml fettfreie Gemüsebrühe
Kräutermeersalz
Pfeffer, frisch gemahlen
1 EL fein gehackte Petersilie

1
Kürbis, Karotte und Kartoffel schälen und auf der Röstiraffel raspeln.

2
Zwiebeln und durchgepressten Knoblauch im Öl andünsten, Kürbis und Karotten mitdünsten. Die Kartoffeln zugeben. Curry und Muskatnuss darüber streuen. Mit der Gemüsebrühe aufgiessen, die Suppe aufkochen und bei schwacher Hitze 15 bis 20 Minuten köcheln lassen. Pürieren.

3
Die Kürbissuppe abermals aufkochen. Abschmecken. Die Petersilie darüber streuen.

Mahlzeit
Mit einem Blattsalat und mit Brot servieren.

Schnelle Hafersuppe mit Gemüse

Hauptmahlzeit

1 EL Olivenöl nativ extra
1 kleine Zwiebel, fein gehackt
1 Knoblauchzehe,
grob gehackt
150–200 g Gemüse, je nach Marktangebot, z. B. Karotten, Lauch, Kürbis, Zucchini
ca. 40 g feine Haferflocken, je nach gewünschter Konsistenz

1/2 TL getrocknete Provencekräuter
1 l fettfreie Gemüsebrühe
1 Prise Ingwerpulver, nach Belieben
geriebene Muskatnuss
Pfeffer, frisch gemahlen
Kräutermeersalz
1 EL fein gehackte Petersilie

1
Das Gemüse putzen. Karotten, Kürbis und Zucchini auf der Röstiraffel raspeln, Lauch in feine Streifen schneiden.

2
Zwiebeln, Knoblauch und Gemüse im Öl andünsten. Die Haferflocken und die Provencekräuter zugeben und kurz mitdünsten. Mit der Gemüsebrühe aufgiessen, aufkochen und die Suppe bei schwacher Hitze etwa 10 Minuten köcheln lassen. Würzen. Die Petersilie darüber streuen. Je nach Konsistenz mit Gemüsebrühe verdünnen.

Mahlzeit
Mit einem bunten Blattsalat und mit Brot servieren.

Lauchrisotto mit Pilzen

Hauptmahlzeit

150 g Naturreis
5–6 dl/500–600 ml Wasser
1 EL Olivenöl nativ extra
1 Zwiebel, fein gehackt
1 Knoblauchzehe, durchgepresst
1 Stange Lauch, in Streifen
1 dl/100 ml Weisswein
Meersalz
fettfreies Instant-Gemüsebrühepulver
1–2 EL geriebener Käse, nach Belieben
1 EL fein gehackte Petersilie

1 EL Olivenöl nativ extra
125 g Pilze; Shiitake, Champignons oder Austernpilze

1
Den Reis mit dem Wasser aufkochen, 2 Minuten sprudelnd kochen. Dann den Reis auf der ausgeschalteten Wärmequelle zugedeckt 30 Minuten ausquellen lassen.

2
Die Zwiebeln und den Knoblauch im Öl andünsten. Den Lauch zugeben und kurz mitdünsten. Den Weisswein angiessen. Den Reis zugeben, vermengen, etwa 5 Minuten köcheln lassen. Mit Salz und Gemüsebrühepulver würzen. Der Reis soll sämig sein, je nach Konsistenz mit Wasser verdünnen. Kurz vor dem Servieren mit dem geriebenen Käse verfeinern.

3
Die Pilze je nach Grösse halbieren oder vierteln. Austernpilze in Streifen schneiden. Eine Bratpfanne erhitzen. Das Öl und die Pilze gleichzeitig in die Pfanne geben und kräftig anbraten, mit der Petersilie unter den Reis rühren.

Einfacher Naturreis
Den Reis mit dem Wasser aufkochen, 5 Minuten sprudelnd kochen, dann auf der ausgeschalteten Wärmequelle zugedeckt 30 Minuten quellen lassen. Kurz vor dem Servieren erhitzen, mit Kräutersalz abschmecken.

vegetarisch

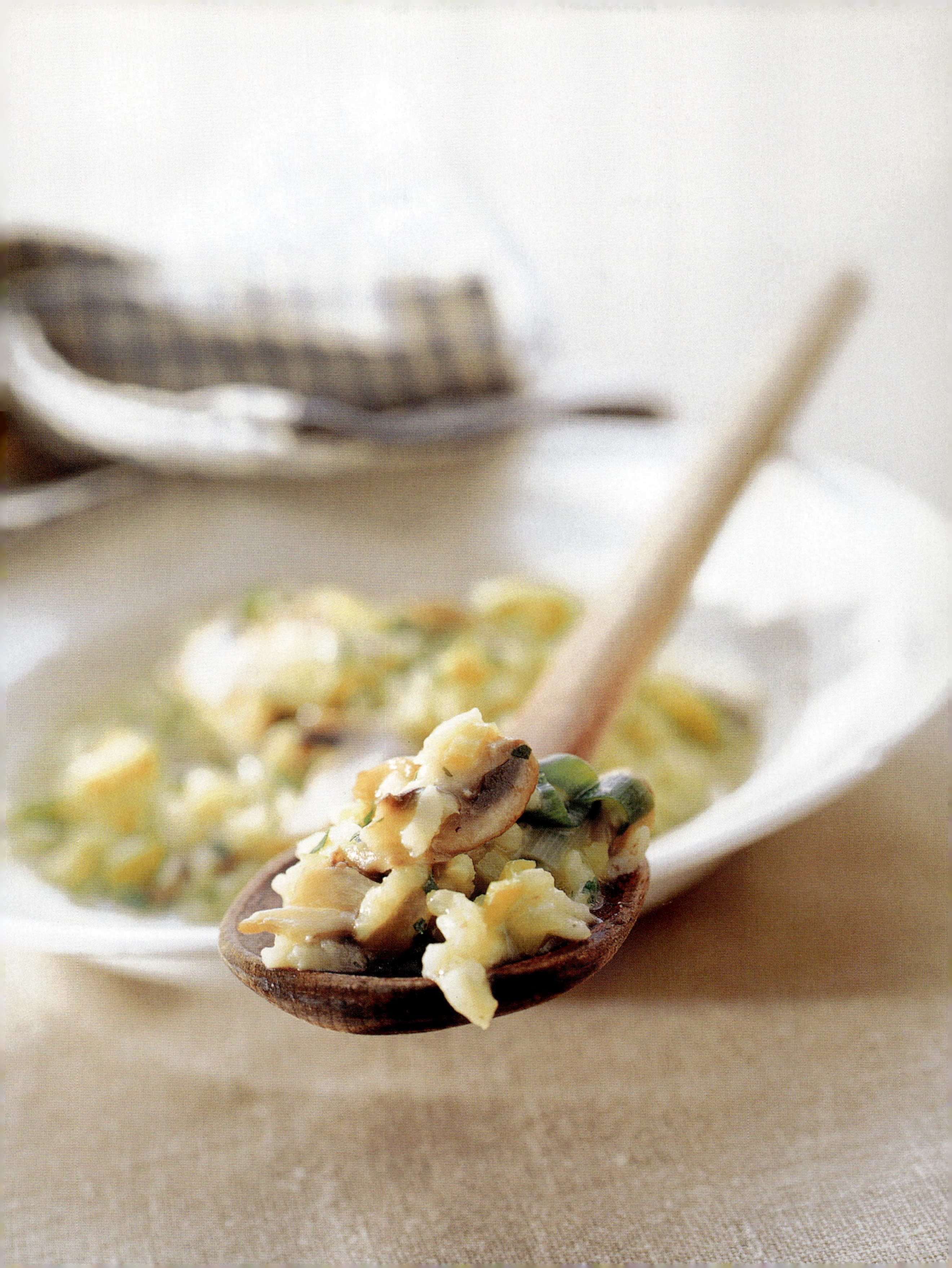

Karotten-Nuss-Burger

Hauptmahlzeit
für 6 bis 8 Burger

200 g Karotten, geschält und fein gerieben (Bircher-Rohkostreibe)
2 EL Vollkornmehl
1 Ei
2 EL grob gehackte Nüsse, Mandeln, Haselnüsse, Cashewnüsse
1 EL fein geschnittener Schnittlauch oder
1 EL gehackte Petersilie oder Rosmarinnadeln

Meersalz
Pfeffer, frisch gemahlen
1 Prise Ingwerpulver, nach Belieben
1 Prise Muskatnuss
wenig abgeriebene Orangen- oder Zitronenschale, nach Belieben

Olivenöl nativ extra, zum Braten

1
Alle Zutaten mischen, die Masse würzen. Von Hand flache Burger formen.

2
Die Karotten-Nuss-Burger in einer beschichteten Bratpfanne in wenig Öl bei mittlerer Hitze braten, je 4 Minuten. Auf Küchenpapier abtropfen lassen.

Mahlzeit
Mit Kartoffeln oder Nudeln oder Naturreis, Seite 124, und Blattsalat servieren.

Variante
Karotten durch Kürbis der Sorte Potimarron oder durch ein Gemisch von Zucchini und Kartoffeln ersetzen.

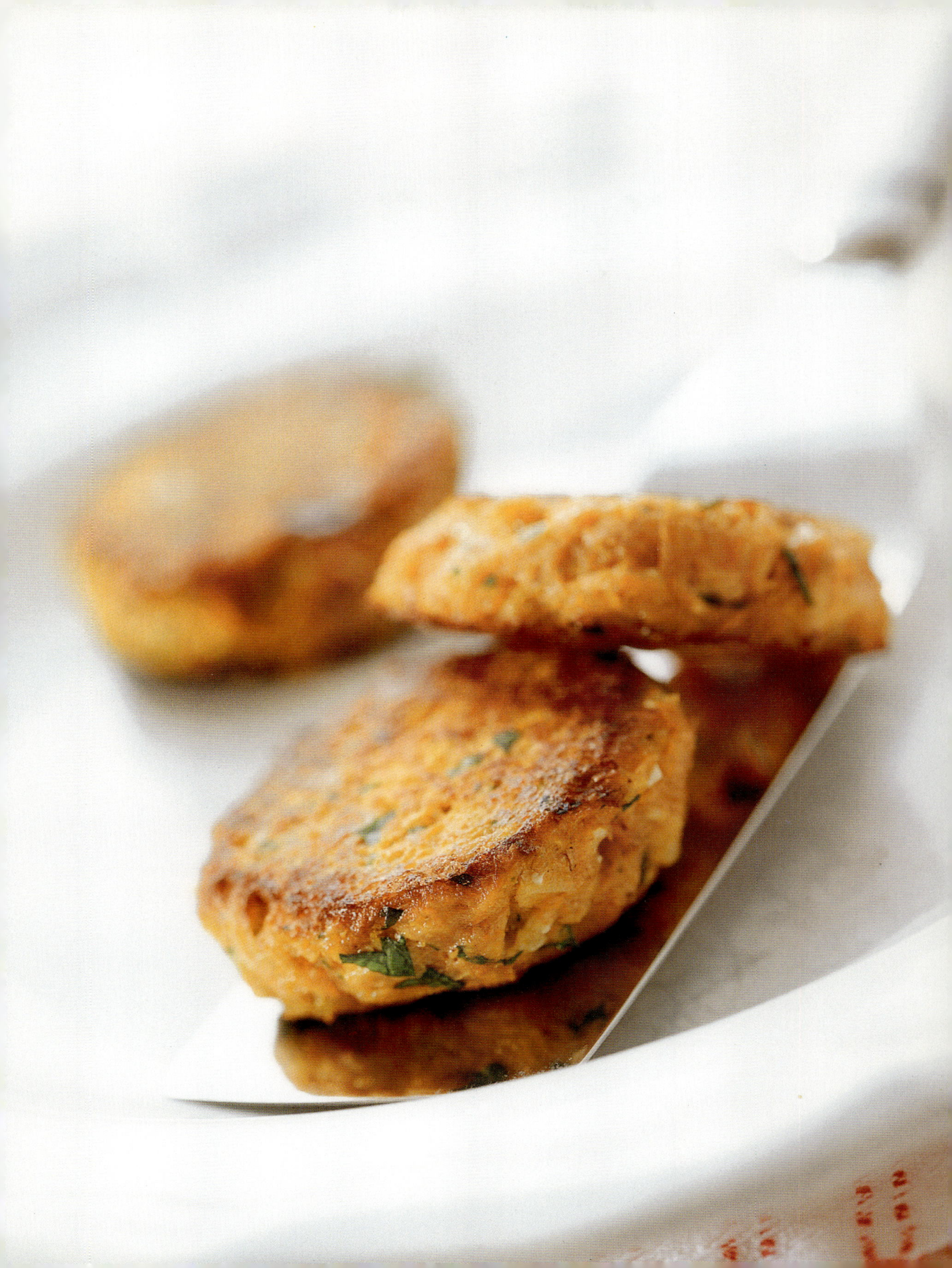

Penne mit Cima di Rapa

Hauptmahlzeit

180–200 g Penne
200 g Stängelkohl/
Cima di Rapa
1–2 EL Olivenöl nativ extra
1–2 Knoblauchzehen,
fein gehackt
wenig fein gehackte Chilischote, nach Belieben
Meersalz
Pfeffer, frisch gemahlen
50 g zerbröckelter Ricotta
oder Ziegenfrischkäse,
nach Belieben

1
Beim Stängelkohl kann man sowohl die Blätter wie die Blüten verwenden. Man schneidet nur sehr dicke Stängel ab und entfernt sehr grosse und beschädigte Blätter. Dann den Kohl mit Blättern und Blüten in ca. 5 mm breite Streifen schneiden.

2
Die Penne in einem grossen Topf in reichlich Salzwasser al dente kochen. Den Stängelkohl die letzten 5 Minuten mitkochen. In ein Sieb abgiessen.

3
Knoblauch und Chilischoten im Öl andünsten. Penne mit Stängelkohl zugeben und kurz erhitzen. Mit Salz und Pfeffer abschmecken. Nach Belieben den Käse untermischen und schmelzen lassen. Sofort servieren.

Cima di Rapa
Italienische Kohlart, die man im Winterhalbjahr in gut assortierten Supermärkten oder beim Gemüsehändler findet.

Varianten/Tipps
Cima di Rapa durch Brokkoli ersetzen. Auch den Stängel verwenden, den man schält und klein schneidet. Das Teigwaren-Kochwasser für eine Suppe verwenden. Statt den Stängelkohl mit den Penne zu kochen, kann man ihn auch kurz dämpfen (schont die Vitalstoffe) und verstärkt den Kohlgeschmack.

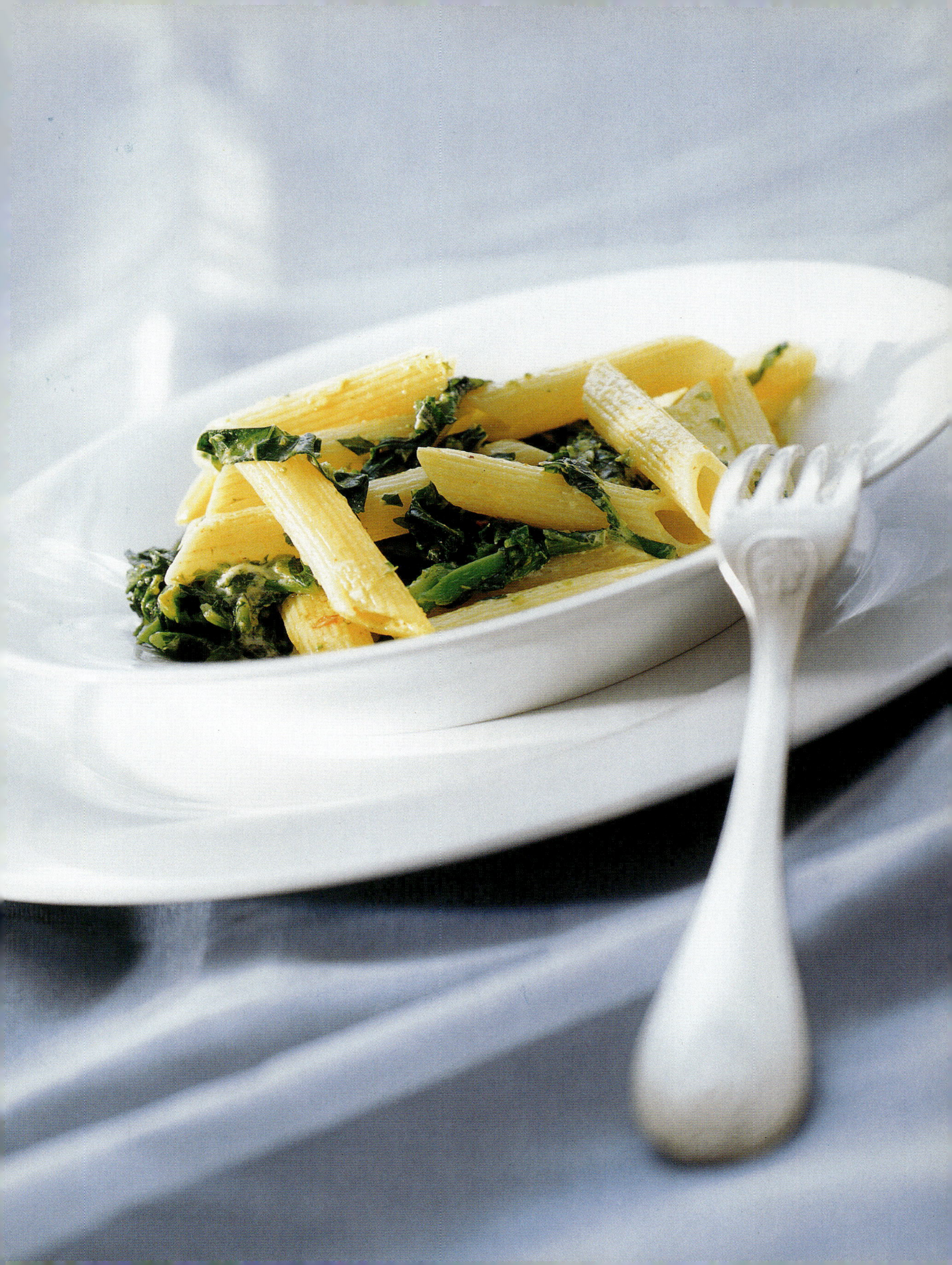

Kartoffeln auf mediterrane Art

Hauptmahlzeit

400 g fest kochende Kartoffeln
Meersalz
1/2 getrocknete kleine Chilischote
2–3 EL fein gehackte glattblättrige Petersilie
1–2 Knoblauchzehen, in Scheiben
4–5 EL Olivenöl nativ extra

1 Die Kartoffeln schälen und würfeln, im Dampf weich garen.
2 Die Chilischote zwischen den Handflächen verreiben.
3 Sämtliche Zutaten miteinander mischen. Sofort servieren.

Mahlzeit
Zusammen mit einem mageren Fisch eine gesunde, leicht verdauliche Mahlzeit. Das Olivenöl ersetzt in diesem Rezept den Rahm/die süsse Sahne und die Butter.

Zum Rezept
Ich verdanke es einem Olivenölproduzenten.

Geflügelleberspiess mit Salbei

Hauptmahlzeit

250 g Bio-Geflügelleber
150 g mittelgrosse Champignons
12 kleine Salbeiblätter
1 EL Olivenöl nativ extra
Meersalz
Pfeffer, frisch gemahlen

1 Die Leber mit Küchenpapier trocken tupfen und in Würfel schneiden.
2 Leber, Champignons und Salbei abwechslungsweise auf Spiesschen stecken.
3 Das Öl in einer Bratpfanne erhitzen, die Spiesschen von beiden Seiten kurz braten. Mit Salz und Pfeffer würzen.

Mahlzeit
Mit Naturreis, Seite 124, oder im Dampf gegarten Kartoffeln sowie Gemüse oder Salat servieren.

Abbildung nebenan

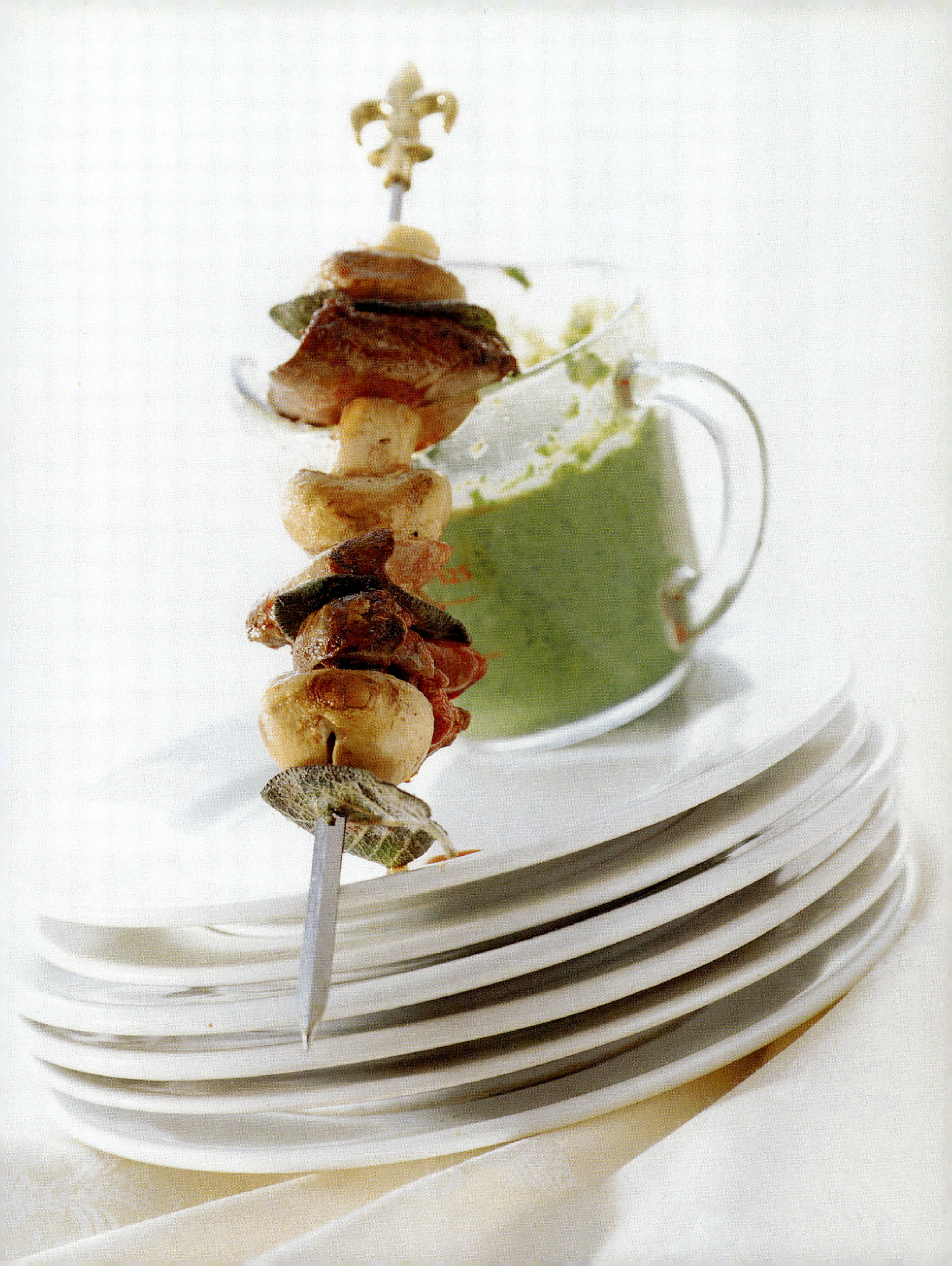

Pouletschenkel mit Zitrone

Hauptmahlzeit

Marinade
1,25 dl/125 ml trockener Weisswein
1 unbehandelte Zitrone, davon Saft
1 EL Olivenöl nativ extra
1 kleine Zwiebel, fein gehackt
gemischte Kräuter, z. B. Rosmarin, Thymian, Salbei, Oregano, fein gehackt
Kräutermeersalz

1 EL Olivenöl extra nativ
2 Pouletschenkel/Hähnchenkeulen
1 unbehandelte Zitrone, geviertelt oder geachtelt

frische Kräuter, für die Garnitur

1
Die Marinade zubereiten. Die Pouletschenkel mindestens 4 Stunden in die Marinade einlegen. Herausnehmen und mit Küchenpapier trocken tupfen.

2
Die Pouletschenkel in einem Schmortopf im Öl anbraten. Die Marinade zugeben. Die Schenkel je nach Grösse bei kleiner Hitze 20 bis 30 Minuten zugedeckt schmoren lassen. Die Zitronenviertel die letzten 10 Minuten mitschmoren. Eventuell noch wenig fettfreie Gemüsebrühe angiessen.

3
Das Fleisch mit frisch gehackten Kräutern bestreuen und servieren.

Mahlzeit
Mit Gemüse und Naturreis, Seite 124, servieren.

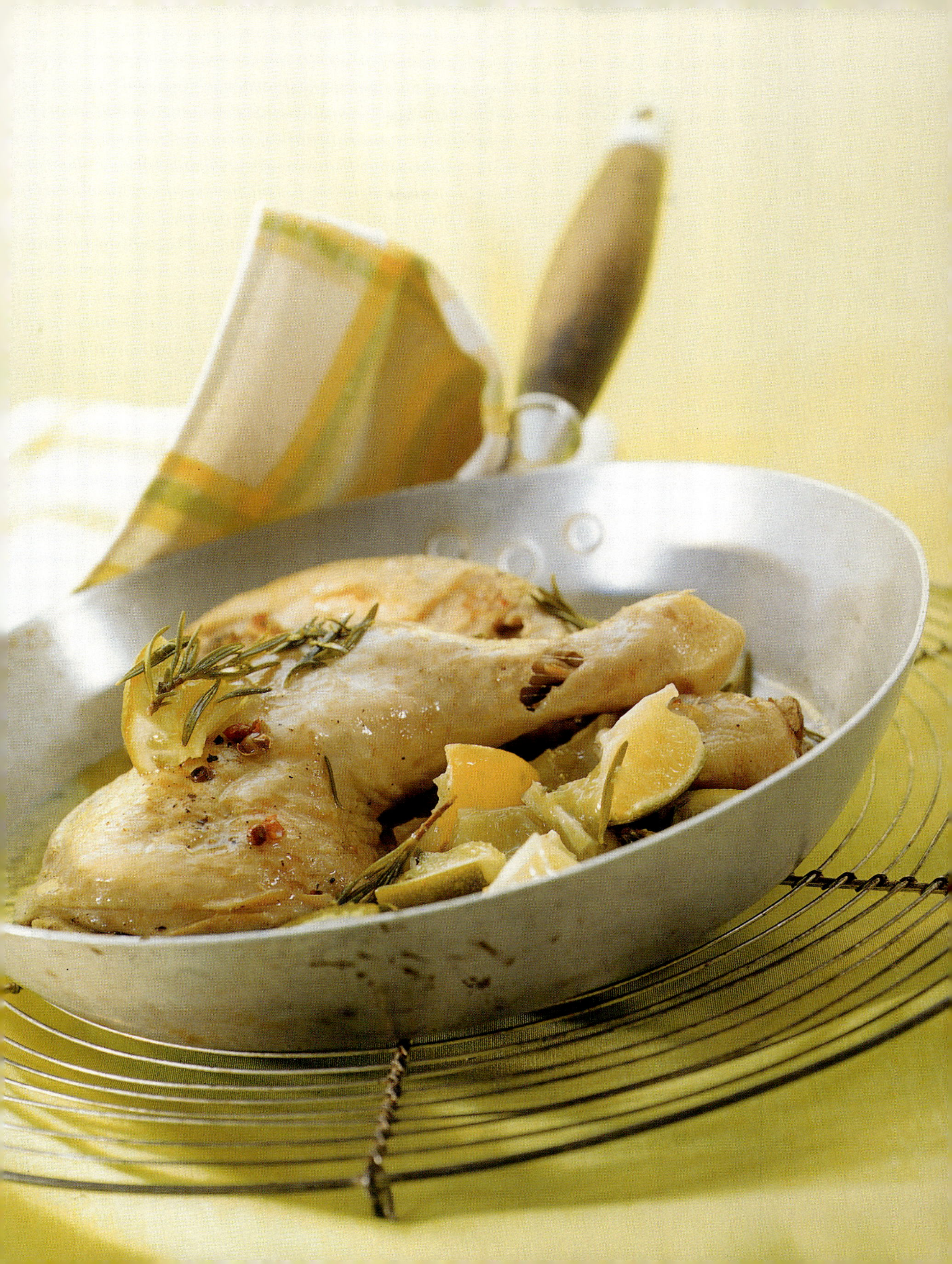

Lachsforelle mit Zwiebeln und Zitronen

Hauptmahlzeit

1 ganze Lachsforelle, ca. 450 g
Kräutermeersalz
2 kleine Rosmarinzweige
1 kleiner Zweig Thymian,
nach Belieben
1 unbehandelte Zitrone oder
Orange oder Limette,
in feinen Scheiben
1 kleine Zwiebel, in feinen
Ringen
2–3 EL Olivenöl nativ extra

1
Den Backofen auf 200 °C vorheizen.

2
Den Fisch vom Fischhändler ausnehmen und schuppen lassen. Den Fisch salzen und in eine leicht geölte oder mit Backpapier ausgelegte Gratinform legen. Mit Rosmarin, Thymian, Zwiebeln und Zitronen belegen. Mit Olivenöl beträufeln.

3
Den Fisch im vorgeheizten Ofen bei 200 °C 25 bis 30 Minuten schmoren.

Mahlzeit
Mit Salat oder gedämpftem Gemüse und nach Belieben zusammen mit Ofenkartoffeln, Seite 40, servieren.

Varianten
Nach gleichem Rezept können auch Wolfbarsch, Forelle usw. zubereitet werden. Die Zitronen- durch Orangenscheiben ersetzen. Den filetierten Fisch am Tisch mit wenig Limonen- oder Orangenöl beträufeln.

Inhaltsstoffe
Reich an Omega-3-Fettsäuren.

Pikanter Lauch-Curry mit Krevetten

Hauptmahlzeit

1 EL Olivenöl nativ extra
400 g Lauch
1 kleine Zwiebel, fein gehackt
1 Knoblauchzehe,
fein gehackt
1 TL mittelscharfer Curry
1 Prise Ingwerpulver,
nach Belieben
2 EL trockener Weisswein
2 TL Sojasauce
wenig Gemüsebrühe
Meersalz
Pfeffer, frisch gemahlen

250 g Krevetten/
Garnelen, geschält
wenig Olivenöl nativ extra,
zum Braten
Kräutermeersalz
1/2 Zitrone, davon Saft

1
Den Lauch putzen und der Länge nach halbieren, dann quer in Streifchen schneiden.

2
Lauch, Zwiebeln und Knoblauch im Öl andünsten. Curry und Ingwer darüber streuen. Die Sojasauce und den Weisswein angiessen, unter zeitweiligem Rühren dünsten, bis der Lauch gar, aber noch knackig ist. Eventuell noch etwas Gemüsebrühe angiessen. Mit Salz und Pfeffer abschmecken.

3
Die Krevettenschwänze mit Salz würzen und im Öl kurz braten.

4
Die Krevetten auf dem Lauch-Curry anrichten. Mit Zitronensaft beträufeln.

Mahlzeit
Mit Naturreis, Seite 124, oder im Dampf gegarten Kartoffeln servieren.

Inhaltsstoffe
Lauch enthält viel Kalzium und ist reich an sekundären Pflanzeninhaltsstoffen.

meeresfrüchte

Birnen in Rotwein

2 kleine Birnen,
z. B. Gute Luise
1/2 Zitrone, davon Saft
1/2 Orange, davon Saft
2,5 dl/250 ml guter Rotwein
2 EL Vollrohrzucker oder
Birnendicksaft
1 Zimtstange
2 schwarze Pfefferkörner
Pfefferminze für die Garnitur

1
Die Birnen schälen. Den Stiel an der Frucht belassen.

2
Rotwein, Zitronen- und Orangensaft, Zimtstange, Pfefferkörner und Vollrohrzucker in einer kleinen Pfanne aufkochen. Die Birnen hineinlegen, 20 bis 25 Minuten bei kleiner Hitze köcheln lassen, ab und zu umdrehen. Die Birnen im Wein auskühlen lassen, am besten über Nacht. Den Wein vor dem Servieren nochmals leicht erwärmen und die Birnen darin servieren.

Abbildung nebenan

Ananassalat mit Kiwi und Pistazien

1/2 frische Ananas,
ca. 350 g, in Scheiben
1 Kiwi
1 TL Ahornsirup
1 unbehandelte Orange,
davon 2 EL Saft und wenig
abgeriebene Schale
1 EL grob gehackte Pistazien
oder andere Nüsse

1
Die Kiwi schälen und quer in Scheiben schneiden, zusammen mit den Ananasscheiben auf Tellern anrichten.

2
Ahornsirup, Orangensaft und -schale verrühren, über die Früchte träufeln. Mit den Pistazien bestreuen.

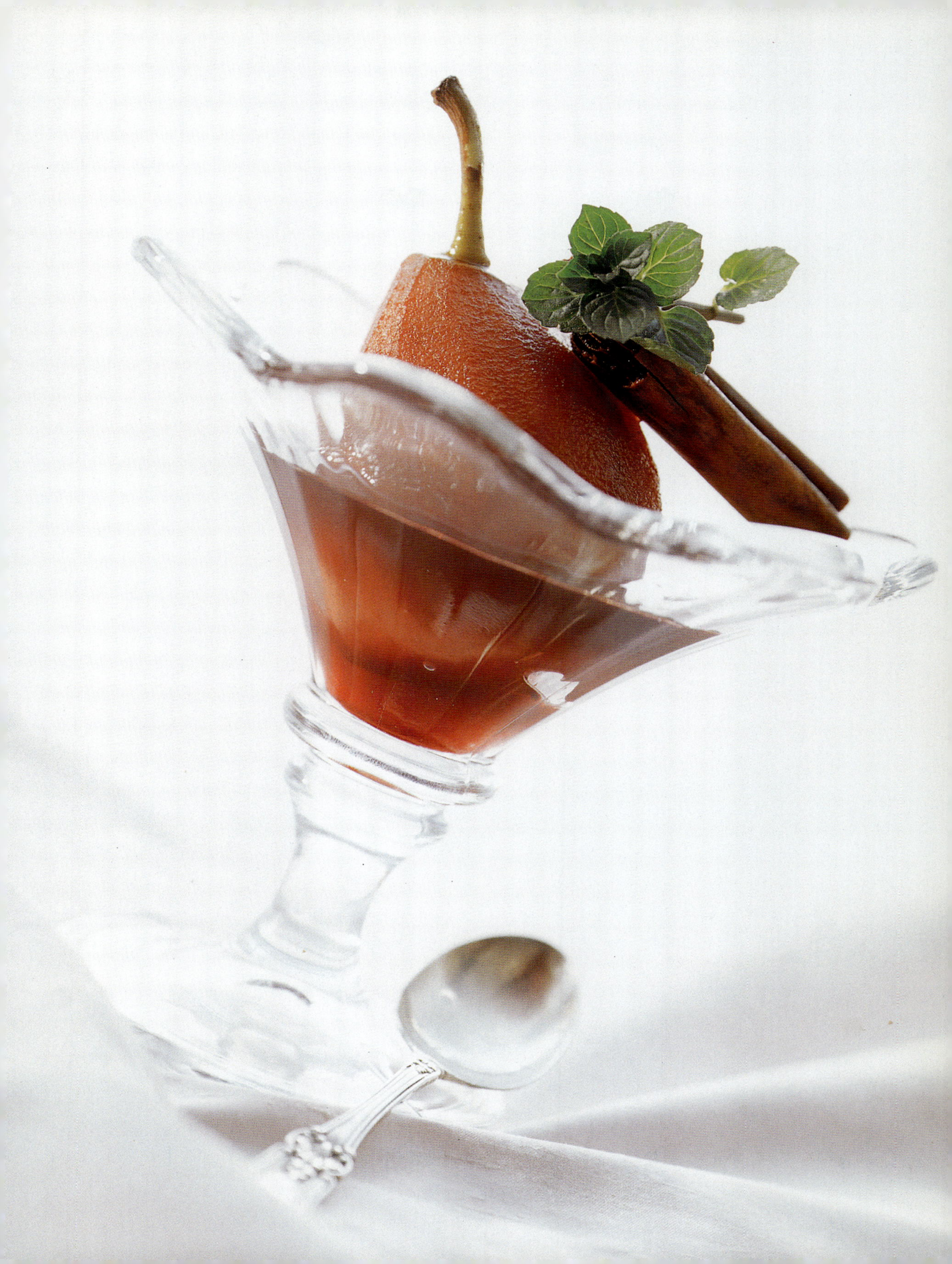

Gebackene Bananen mit Zimt

2 kleine, feste Bananen
1/2 EL Butter
1 EL Vollrohrzucker
1 Prise Zimtpulver

1 Die Bananen schälen und ganz in einer beschichteten Bratpfanne in der Butter 3 bis 5 Minuten braten. Mit Zucker und Zimt abschmecken.

Feigencarpaccio mit Mango

1 reife Mango
2–4 frische Feigen, je nach Grösse
1/2 Zitrone, Saft
1 EL Kokosflocken
wenig Pfefferminze

1 Die Mango schälen. Das Fruchtfleisch in Scheiben vom flachen Kern schneiden und klein würfeln. Die Feigen in Scheiben schneiden.

2 Die Feigenscheiben auf Tellern anrichten. Die Mangowürfelchen in die Mitte geben. Mit dem Zitronensaft beträufeln. Die Kokosflocken darüber streuen. Mit der Pfefferminze garnieren.

Abbildung nebenan

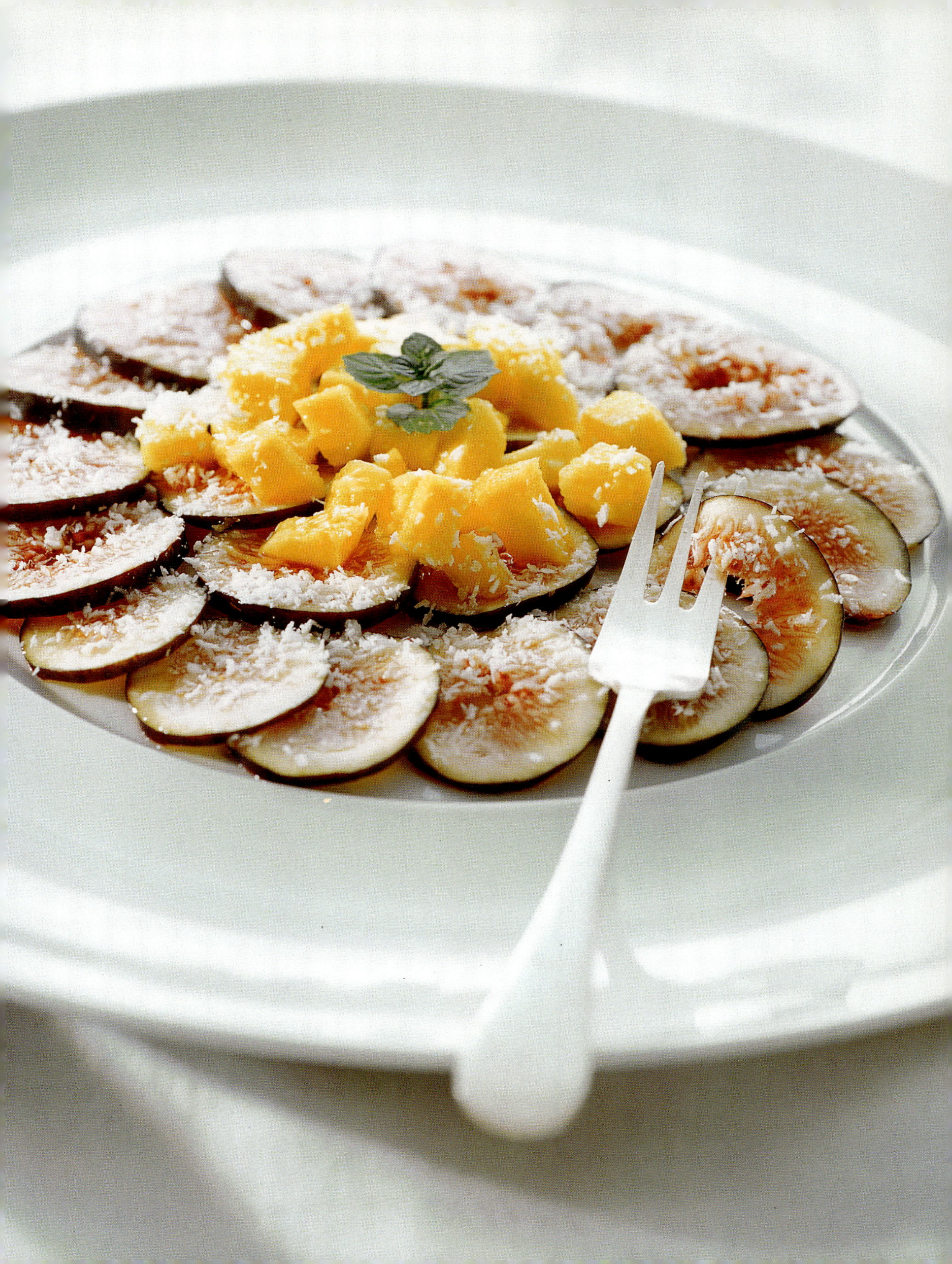

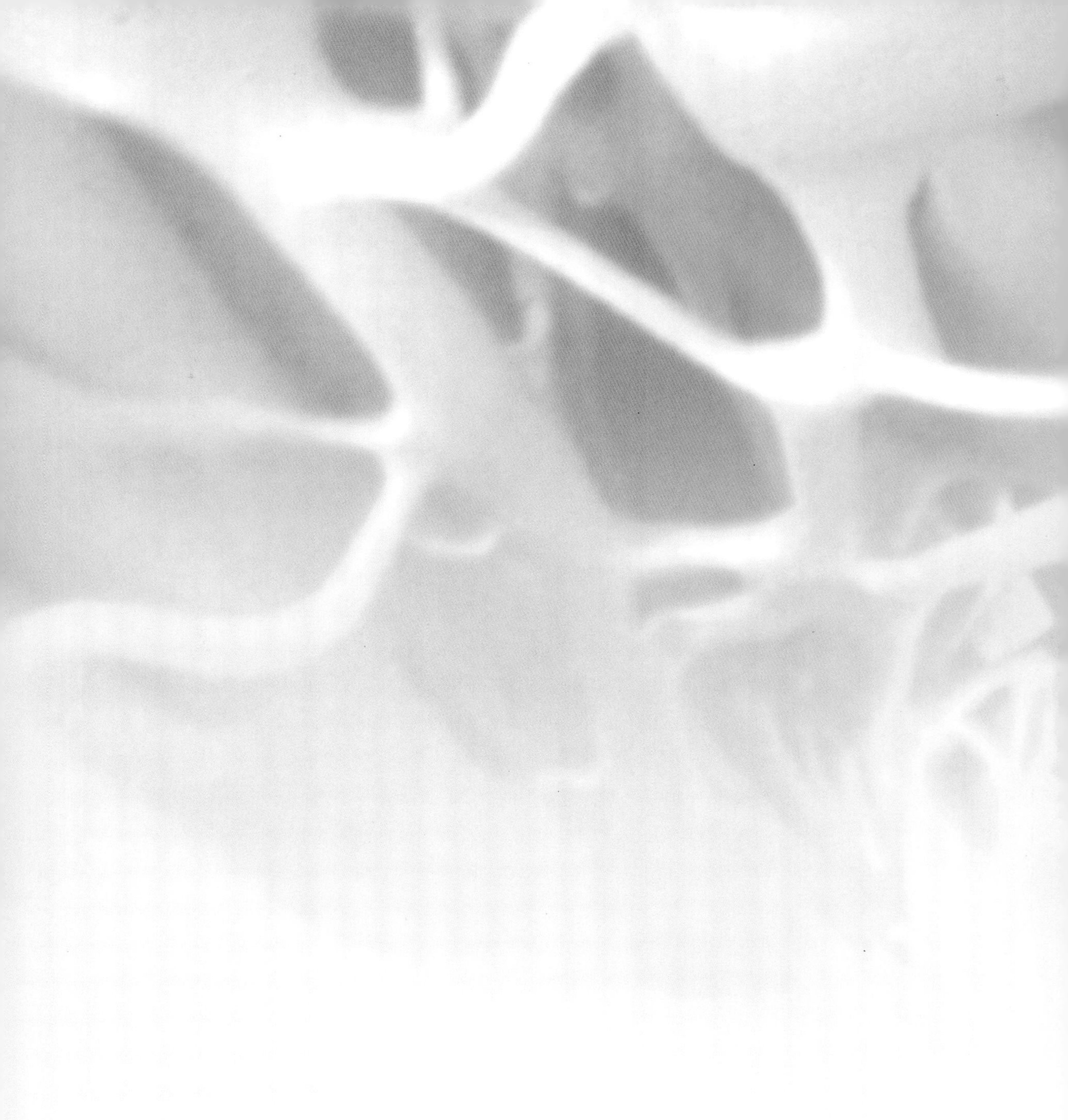

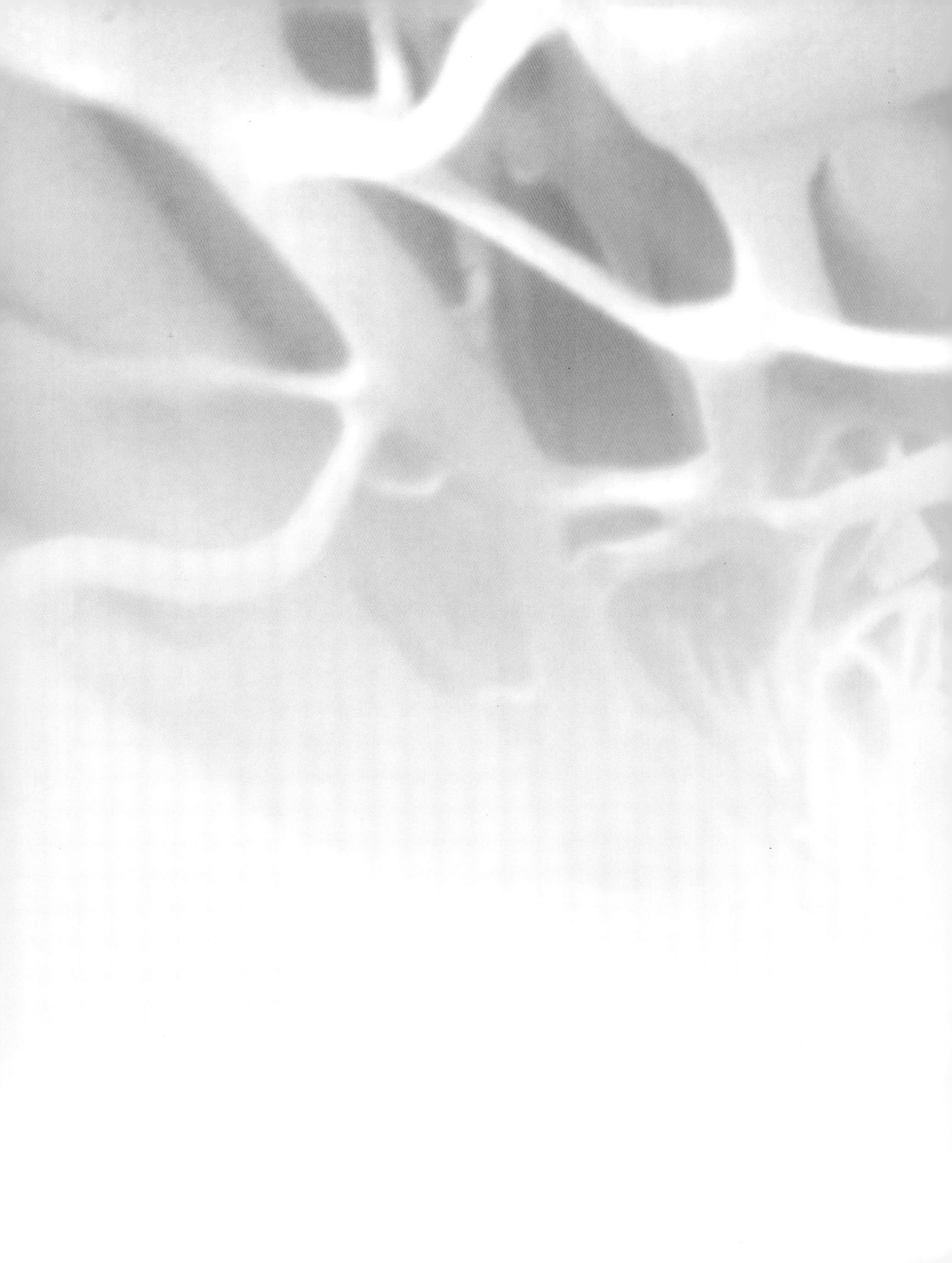

Kennen Sie Ihr Risiko
für einen Herzinfarkt oder Hirnschlag?

Ein Herzinfarkt oder Hirnschlag kommt plötzlich und unerwartet, scheinbar wie ein Blitz aus heiterem Himmel. Doch der Schein trügt. Herzinfarkt und Hirnschlag sind Endpunkte eines langen Prozesses, einer Krankheit, bei der sich die lebenswichtigen Herzkranz- und Hirngefässe über Jahre hinweg krankhaft verändern.

Es gibt Vorboten des Herzinfarktes (Brustschmerzen, Atemnot), die oft nicht erkannt werden. Und ebenso gibt es Warnzeichen eines Hirnschlages in Form flüchtiger Lähmungen, Gefühls-, Sprach- oder Sehstörungen. Und noch wichtiger: Meist liegen seit Jahren Risikofaktoren vor, welche die Gefässe schädigen und zum lebensbedrohlichen Ereignis führen. Einem Herzinfarkt oder Hirnschlag vorbeugen heisst deshalb, die Risikofaktoren so weit wie möglich ausschalten.

Machen Sie den Test!

Gehen Sie sorgfältig die unten aufgeführten Fragen durch. Notieren Sie die angegebenen Punkte und zählen Sie am Schluss die Einzelpunkte zusammen. Die Gesamtsumme gibt Ihnen Hinweise darauf, wo Ihr Risiko einzuordnen ist. Ziel der Auswertung ist es nicht, Ihre Zukunft vorherzusagen, sondern Ihr Bewusstsein für Ihr eigenes Risiko für Herzinfarkt, Hirnschlag und andere Gefässerkrankungen zu wecken.

1. Herzinfarkt und Hirnschlag in der Familie
Ist bei Ihren Eltern, Geschwistern oder Kindern ein Herzinfarkt oder Hirnschlag aufgetreten?
Vor dem 70. Lebensjahr .... Nein ☐ 0 Ja ☐ 1
Vor dem 55. Lebensjahr .... Nein ☐ 0 Ja ☐ 2

2. Rauchen
Ich rauche nicht .... ☐ 0
Ich rauche weniger als 20 Zigaretten pro Tag .... ☐ 3
Ich rauche mehr als 20 Zigaretten pro Tag .... ☐ 4

3. Gewicht (BMI = Gewicht in Kilogramm durch die Körpergrösse in Metern teilen, und das Resultat nochmals durch die Körpergrösse teilen.

Beispiel: $BMI = \dfrac{90 \text{ kg}}{1{,}70 \text{ m} \times 1{,}70 \text{ m}} = 31{,}1$

Normalgewicht: BMI 20 – 25 .... ☐ 0
Übergewicht: BMI über 25 – 30 .... ☐ 0,5
Fettleibigkeit: BMI über 30 – 35 .... ☐ 1
Starke Fettleibigkeit: BMI ab 35 .... ☐ 1,5

4. Bewegen Sie sich regelmässig (d. h. mindestens 30 Minuten am Stück)?
Ja, mindestens dreimal pro Woche .... ☐ 0
Ja, ein- oder zweimal pro Woche .... ☐ 1
Ja, aber weniger als einmal pro Woche .... ☐ 2
Seltener als einmal pro Monat .... ☐ 4

5. Achten Sie auf eine gesunde Ernährung?
Ja, ich esse täglich frische Früchte und Gemüse .... ☐ 0
Nein, ich esse nur ab und zu frische Früchte und Gemüse .... ☐ 1,5

6. Was wissen Sie über Ihren Blutdruck?
Nicht bekannt .... ☐ 1
Oberer (systolischer) Wert unter 140 mmHg .... ☐ 0
Oberer (systolischer) Wert 140 – 160 mmHg .... ☐ 0,5
Oberer (systolischer) Wert über 160 mmHg .... ☐ 3
Unterer (diastolischer) Wert unter 90 mmHg .... ☐ 0
Unterer (diastolischer) Wert über 90 mmHg .... ☐ 2

7. Was wissen Sie über Ihre Blutfettwerte (insbesondere Cholesterin)?

Nicht bekannt	☐	1
Optimal (unter 5,0 mmol/l)	☐	0
Etwas erhöht (5,0 – 7,0 mmol/l)	☐	1,5
Stark erhöht (über 7,0 mmol/l)	☐	3

8. Haben Sie erhöhten Blutzucker?

Nicht bekannt	☐	1
Nein, unter 6,1 mmol/l (nüchtern)	☐	0
Ja, über 6,1 mmol/l (nüchtern), nehme keine Medikamente	☐	3
Ja, ich bin Diabetiker und nehme Tabletten/spritze Insulin	☐	4

9. Sind Sie im Beruf unter Zeitdruck oder Stress?

Nur gelegentlich	☐	0
Häufig	☐	1
Praktisch dauernd	☐	2

10. Haben Sie gelegentlich bei körperlicher Belastung oder bei Stress Missempfindungen im Brustbereich, eventuell mit Ausstrahlung in den Hals oder in einen Arm?

Nein	☐	0
Bei körperlicher Belastung	☐	3
Bei Stress	☐	1
Gelegentlich leichte Missempfindungen in Ruhe	☐	1

11. Haben Sie bereits einmal starke druckartige Beschwerden im Brustkorb verspürt, die länger als 10 Minuten angehalten haben, oder wurden Sie wegen eines Herzinfarktes oder Verdachtes auf Herzinfarkt behandelt?

Nein ☐ 0   Ja ☐ 5

12. Müssen Sie bei zügigem Gehen gelegentlich wegen Krämpfen oder Muskelschmerzen in den Waden oder Oberschenkeln stehen bleiben («Schaufensterkrankheit»)?

Nein ☐ 0   Ja ☐ 4

13. Wurden Sie bereits einmal wegen eines Hirnschlages behandelt?

Nein ☐ 0   Ja ☐ 5

14. Hatten Sie bereits ein- oder mehrmals Warnzeichen eines Hirnschlages, so genannte meist einige Minuten dauernde transitorische ischämische Attacken?

Vorübergehende Lähmung oder Taubheitsgefühl auf einer Körperseite (Gesicht, Arm und/oder Bein)
Vorübergehende Sehstörungen wie Doppelsehen oder Verdunkelung/Blindheit eines Auges oder Gesichtsfeldteiles
Vorübergehende Sprechunfähigkeit oder Unfähigkeit, Gesprochenes zu verstehen
Erstmaliger, ungewöhnlicher und extremer Kopfschmerz

Für eines oder mehrere dieser Warnzeichen	☐	5
Nein für alle diese Warnzeichen	☐	0

Summe aller Punkte: _____

Auswertung

0 – 3 Punkte: Herzlichen Glückwunsch! Ihr Risiko für Herz-Kreislauf-Erkrankungen liegt unter dem Durchschnitt. Tragen Sie zu Ihrer Gesundheit Sorge wie bisher!

4 – 5 Punkte: Ihr Risiko für Herzinfarkt und Hirnschlag ist durchschnittlich. Wenn Sie Punkte bei den Fragen 2 bis 9 haben, sollten Sie versuchen Ihre Risikosituation zu klären und vorhandene Risikofaktoren auszuschalten.

6 – 10 Punkte: Ihr Risiko für Herz-Kreislauf-Erkrankungen ist erhöht. Besprechen Sie mit Ihrem Arzt eine Strategie zur Verminderung des Risikos und achten Sie auf Ihren Lebensstil. Eventuell sind auch gezielte medizinische Massnahmen oder Medikamente nötig, um Ihr Risiko zu senken.

Mehr als 10 Punkte: Ihr Risiko ist deutlich erhöht! Sprechen Sie bald mit Ihrem Arzt, mit welchen Massnahmen Sie Ihr Herzinfarkt- und Hirnschlagrisiko vermindern können. Für Sie ist ein gesunder Lebensstil besonders wichtig.

Je älter Sie sind, um so höher ist Ihr Ausgangsrisiko – auch ohne Risikofaktoren. Deshalb ist älteren Personen besonders zu empfehlen, allfällige Risikofaktoren so weit wie möglich auszuschalten oder zu verringern.

Besonders ungünstig ist die Risikofaktoren-Kombination von Rauchen, erhöhten Blutfettwerten und erhöhtem Blutdruck. Bei dieser Kombination ergibt sich ein elffach erhöhtes Risiko für Herzinfarkt und Hirnschlag.

Quellenhinweis: Der vorliegende Test wurde von der Schweizerischen Herzstiftung und der Zerebrovaskulären Arbeitsgruppe der Schweiz erarbeitet. Er basiert auf einem Herztest, der uns freundlicherweise von der Deutschen Herzstiftung zur Verfügung gestellt wurde.

Schweizerische Herzstiftung
Fondation Suisse de Cardiologie
Fondazione Svizzera di Cardiologia

Schwarztorstrasse 18, 3000 Bern 14
Tel. 031 388 80 80, Fax 031 388 80 88
E-mail: info@swissheart.ch; Internet: www.swissheart.ch
Herztelefon 0848 443 278, jeden Mittwoch von 17.00 – 19.00 Uhr
Postkonto 30-4356-3